CHAQUE PIÈCE, 20 CENTIMES.
208e ET 209e LIVRAISONS.

THÉATRE CONTEMPORAIN ILLUSTRÉ

MICHEL

AVAIT PRIS FEMME LE SIRE DE FRAMBOISY!

REVUE DE L'ANNÉE 1855 EN TROIS ACTES, MÊLÉE DE COUPLETS

PAR MM. DELACOUR ET LAMBERT THIBOUST

REPRÉSENTÉE POUR LA PREMIÈRE FOIS, A PARIS, SUR LE THÉATRE DU PALAIS-ROYAL, LE 11 DÉCEMBRE 1855.

DISTRIBUTION DE LA PIÈCE.

LE SIRE DE FRAMBOISY......	M. Grassot.
MADAME DE FRAMBOISY.....	Mlle Juliette Pelletier.
CARAMBOLE	M. Hyacinthe.
LA CHANSON................	Mlle Duverger.
UN JOUEUR D'ORGUE..........	MM. Philibert.
BRIDIDI....................	Lacroix.
LARIFLA....................	Lucien.
UN MARCHAND DE PROGRAMME	Ravel.
UN SPECTATEUR.............	Allard.
LE CAMÉLIA................	Mlles Dinah.
LA ROSE...................	Méry.
LE DAHLIA.................	Rubbinstein.
LA VIOLETTE...............	Luidgia.
L'EXPOSITION..............	Cico.
MARTIAL...................	Aline Duval.
LES AZTECS................	MM. Grassot et Gil Pérez.
PATACHON, aveugle..........	Pellerin.
GIRAFIER, aveugle...........	Delamarre.
UN ESPAGNOL...............	Brasseur.
UNE ESPAGNOLE.............	Mlle Durand.
PREMIER DOMESTIQUE.......	MM. Pellerin.
DEUXIÈME DOMESTIQUE......	Lacroix.
UN MONSIEUR...............	Octave.
UN ANGLAIS.................	M. Kalekaire.
UNE LOUEUSE DE CHAISES...	Mme Thaïs.
UN MARCHANDS D'HABITS....	M. Luguet.
JAGUARITA..................	Mlle Cico.
MAMA JUMBO................	M. Delamarre.
UNE PROVENÇALE...........	Mlle Daudoird.
TROIS PÈRES DE FAMILLE....	MM. Kalekaire. Masson. Lemeunier.
MARGUERITE................	Mlles Rubbinstein.
MARCO.....................	Chauvière.
LA BARONNE................	Dinah.
OLYMPE....................	Aline Duval.
DESGENAIS.................	MM. Gil Pérez.
CYNIRAS...................	Grassot.
MIRRHA....................	Mme Thierret.
PURE......................	M. Octave.
CRICRI....................	Mme Philibert.
LACLE.....................	Mlle Thaïs.
UN ESCAMOTEUR............	M. Brasseur.

Consommateurs, garçons, plusieurs domestiques, deux danseuses, promeneurs, indiens.

ACTE PREMIER.

Intérieur éblouissant du buffet de Paris, au boulevard des Italiens. Éclairage splendide, comptoir au fond; à droite et à gauche, buffets couverts de comestibles de toutes espèces. Au lever du rideau, les consommateurs mangent debout; ils tiennent à la main des assiettes dans lesquelles ils piquent avec de petites fourchettes. Les garçons circulent.

SCÈNE PREMIÈRE.

CONSOMMATEURS, GARÇONS.

CHŒUR.

Air :

Au buffet de Paris,
La foule se presse
Sans cesse.

Rosbifs et fruits,
Frais et confits,
Tout est exquis
Au buffet de Paris.

VOIX DIVERSES.

Garçon! un poulet. — Garçon! un pâté. — Garçon! du bordeaux.

LES GARÇONS.

Voilà! voilà!

UN GROS CONSOMMATEUR.

Garçon!... un cure-dent!... Il y a deux heures que je vous appelle.

LE GARÇON.

Voilà, Monsieur.

LE CONSOMMATEUR.

A la bonne heure.

LE GARÇON.

Je vous le recommande... c'est celui du patron.

LE CONSOMMATEUR.

Hein!

LE GARÇON.

Il y tient... il lui vient de son père. (Le consommateur jette avec indignation le cure-dent que le garçon ramasse. Les réclamations éclatent de toutes parts.)

UNE VOIX.

Garçon! un jambon.

SCÈNE II.

LES MÊMES, MADAME DE FRAMBOISY, BRIDIDI, LARIFLA. (Madame de Framboisy porte un chapeau excentrique et une crinoline très-exagérée. Elle fume une cigarette.

BRIDIDI.

Garçon! un potage.

LARIFLA.

Garçon! une charcuterie variée.

MADAME DE FRAMBOISY.

Garçon! un sherry gobler.

CHOEUR, reprise.

BRIDIDI.

En voilà une idée, par exemple... venir ici quand la Maison d'Or est à deux pas!

MADAME DE FRAMBOISY.

La Maison d'Or?... Enfoncée!... rococo!... On ne soupe plus, mon cher, on lunche.

BRIDIDI.

Eh bien! lunchons... Garçon!

GARÇON, servant.

Voilà! voilà! (On mange et on boit.) Le sherry gobler demandé! (Il sert le sherry gobler à madame de Framboisy: cette boisson se boit avec une paille.)

LARIFLA.

Tu aimes donc ça?

MADAME DE FRAMBOISY.

Larifla, je vous défends de me tutoyer, vous oubliez que je suis mariée.

BRIDIDI.

Toi!... Jarret d'acier, montre-nous ton contrat.

MADAME DE FRAMBOISY.

Je l'ai déchiré.

LARIFLA.

A coups de canif.

MADAME DE FRAMBOISY.

Vrai! ce n'est pas ma faute... c'est celle de mon mari.

BRIDIDI, riant.

De M. Jarret d'acier?

MADAME DE FRAMBOISY.

Un amour qui me faisait le tour de m'enfermer à double tour dans une tour... C'est lui qui fut coupable... Je vous en fais juges.

Air des *Zouaves.*

J'étais jeune... j'avais seize ans,
Un p'tit minois fort agréable...
Et j'épousai, pour mes parents,
Un monsieur fort désagréable...
Il me bousculait... Mes enfants,
Dit's si cet homme abominable
Était cou, cou (*ter.*)
Était coupable!

TOUS.

Il fut cou, cou (*ter.*)
Il fut coupable!

MADAME DE FRAMBOISY.

Pour la chasse, au fin fond des bois,
Pris d'une passion sans bornes,
Il n' rêvait que bête aux abois,
Que daims ou cerfs aux longues cornes.
L' matin, il partait quelquefois
Sans m'embrasser... c' monstre exécrable!
Fut très-cou, cou (*ter.*)
Fut très-coupable!

TOUS.

Il fut cou, cou, etc. (*ter.*)

MADAME DE FRAMBOISY.

Je ne sais pourquoi; mais aujourd'hui j'ai du vague dans l'âme... Oui, j'ai le pressentiment qu'il va m'arriver quelque chose... encore, si c'était un héritage! (Son du cor au dehors.) Ciel!... Ah! je défaille!

TOUS, la soutenant.

Qu'est-ce donc?

MADAME DE FRAMBOISY.

Ce cor!... ce son! ce son!... ce cor!...

SCÈNE III.

LES MÊMES, LE SIRE DE FRAMBOISY, armé de pied en cape comme dans la gravure. Il entre vivement suivi de deux gardes moyen âge, puis CARAMBOLE.

LE SIRE.

C'est elle!... Enfer et damnation!

MADAME DE FRAMBOISY.

C'est lui!

LE SIRE.

Ah! vous voilà donc enfin, farceuse!

TOUS.

Monsieur!

FRAMBOISY.

Femme criminelle! qui jongiez avec le nom de mes aïeux... je vous trouve escortée de gandins et en train de cascader dans le macadam fangeux de l'adultère!

TOUS.

Monsieur!

BRIDIDI.

Cette femme est avec nous... Qui donc êtes-vous pour lui parler ainsi?

LE SIRE.

Qui je suis?... (Riant.) Ah! elle est bien bonne celle-là!

Air *connu.*

Je suis lui-même,
Le sir' de Framboisy.

TOUS, reculant.

Quoi! c'est lui même,
Le sir' de Framboisy!

MADAME DE FRAMBOISY, baissant les yeux.

Je suis la femme
Du sir' de Framboisy.

TOUS.

C'était la femme
Du sir' de Framboisy!

CARAMBOLE, entrant, costume moyen âge.

Moi, je suis l' page
Du sir' de Framboisy.

TOUS.

Quoi! c'est le page
Du sir' de Framboisy!

LE SIRE.

Corbleu! madame... } *bis.*
Que faites-vous ici? }

MADAME DE FRAMBOISY.

J' casse une croûte } *bis.*
Avec quelques amis. }

LE SIRE, se grattant le front.

Nom d'un bonhomme!...
Je m' dout' bien de c' que j' suis...

CARAMBOLE, au public.

Faut-il être bête!...
Penser que tout Paris
Chante à tue-tête
Le sir' de Framboisy.
Pristi!
Cristi!
Qu' cet air est gentil!
Pristi!
Cristi!
Qu'il est donc joli!

TOUS.

Pristi!
Cristi! etc.

LE SIRE.

Assez! (A sa femme.) Épouse coupable, voilà donc le fruit d'une éducation négligée!.. (Changeant de ton et d'un air gai.) Figurez-vous, mes enfants, que moi, Alfred de Framboisy, propriétaire d'un castel entre la Guyenne et les Batignolles; j'étais parti-t-en guerre... pour tuer les ennemis... je reviens couvert de gloire... et de poussière... je cherche ma femme... pour lui offrir l'absinthe... je la demande aux échos d'alentour... et au portier du castel... elle était *absinte!..* partie! esbignée!

CARAMBOLE.

La patronne se l'était brisée..

MADAME DE FRAMBOISY.

Je voulais voir l'Exposition, nà.

LE SIRE.

Vous vouliez voir Mabille, fariboleuse que vous êtes.

MADAME DE FRAMBOISY, avec menace.

Alfred!..

LE SIRE.

Je la croyais dans sa famille... une des vieilles familles de la petite Pologne... lorsqu'un matin j'entends chanter... Ce n'était point un petit moigneau, c'était un Auverpin... et que chantait-il? grand Dieu!.. les turpitudes de cette femme qui avale des rafraîchissements avec un chalumeau!.. Ma rage fut sans égale!.. j'assemblai ma vaillante armée. (Il montre les deux hommes.) et me voici pour la vingince! — Garçon! un veau!

LE GARÇON.

Voilà! (Framboisy mange, tout en parlant ainsi que les autres personnages. Les gardes mangent aussi, au fond du théâtre.)

LE SIRE.

Grâce à cette femme, Paris se conduit avec moi comme un polisson. On me chansonne partout.

CARAMBOLE.

C'est triste!

FRAMBOISY.

C'est dégoûtant!.. Bien plus, on me caricature... on me représente avec une trompette... on dit que Madame m'a... enfin, que je suis un sganarelle de la décadence. Tout ça m'embête!.. il faut que ça finisse!

MADAME DE FRAMBOISY.

Eh bien! après... que prétendez-vous faire?

LE SIRE.

Ce que je prétends faire, femme à la crinoline! je prétends vous reconduire à Framboisy où je vous flanque dans une tour obscure...

MADAME DE FRAMBOISY, haussant les épaules.

Allez donc vous asseoir!

LE SIRE.

Je ne suis pas fatigué.

MADAME DE FRAMBOISY.

Ma famille me tirera de vos griffes, vieux sapajou que vous êtes!

LE SIRE.

Votre famille!.. ah!.. qu'elle vienne donc attaquer mes créneaux, mes bastions; j'ai du cœur... on ne me prendra pas mes petits mamelons!

MADAME DE FRAMBOISY.

As-tu fini!

LE SIRE.

Malhureuse!.. Gardes! qu'on la saisisse!..

TOUS.

Grâce!

LE SIRE.

Jamais!

Air *connu.*

Allez lui percer le flan;
TOUS.
V'lin, v'lan, v'lin, v'lan!
Tirelire en plan!
LE SIRE.
Allez lui percer le flan
De la belle manière.
CARAMBOLE.
Ah! soyez moins sévère!
TOUS.
Seigneur! qu'allez-vous faire?
LE SIRE, souriant.
Je lui fais percer le flan.
TOUS, implorant.
V'lin, v'lan, v'lin, v'lan!
Tirelire en plan!
LE SIRE.
Et j' vous dis à tous: du flan!
Voilà mon caractère!

CARAMBOLE.

Sire, songez que si vous aviez des enfants, elle serait leur mère.

LE SIRE.

Ce point de vue m'attendrit. (Avec émotion à sa femme.) Élisa, un mot de repentir, et ton Alfred te pardonne.

MADAME DE FRAMBOISY.

Zut!

LE SIRE, furieux.

Zut!.. Gardes! qu'on la ressaisisse!.. qu'on la conduise sur le donjon du Nord, et là... (Il fait un geste énergique.) Si c'est fait proprement il y aura un pourboire. (On saisit madame de Framboisy qui se débat.)

CHŒUR.

Air:

C'on est trop! sa conduite
A mérité la mort;
Entraînez- } la bien vite
Entraînons- }
Dans le donjon du Nord.

(Au même instant, on entend un orgue de Barbarie jouer l'air du sire de Framboisy, et une voix chanter dans la rue. — Tout le monde s'arrête.)

Avait pris femme,
Le sire de Framboisy!

FRAMBOISY, exaspéré.

L'entendez-vous?..

CARAMBOLE.

Ah! c'est embêtant... Voilà un vilain air...

FRAMBOISY.

Et toujours cette chanson qui rappelle mes infortunes... (Un joueur d'orgue est entré pendant ces derniers mots. Framboisy veut se précipiter sur lui.) Maudit Auverpin!.. je vas t'en flanqua...

SCÈNE IV.

LES MÊMES, UN JOUEUR D'ORGUE, puis LA CHANSON.

CARAMBOLE, le retenant.

Patron!... patron!... y songez-vous... Massacrer un Auvergnat... Brouiller la France et le Puy-de-Dôme!

FRAMBOISY.

Eh bien!... non!... c'est sa boîte que je veux briser...

LE JOUEUR.

Briser mon orgue!..

FRAMBOISY, les gardes s'approchent, et lèvent leurs armes.

A l'œuvre! (Les arrêtant.) C'est cocasse!... j'ai comme un remords...

CARAMBOLE.

Moi aussi... ça me fait quelque chose...

Air des *Cosaques.*

Que deviendra l'air d'*Jenny l'ouvrière?*
MADAME DE FRAMBOISY.
Que deviendra l'air du *Beau Nicolas?*
CARAMBOLE.
Que deviendra l'air de *la Boulangère?*
FRAMBOISY.
L'air des *Cosaq's* va donc périr, hélas!
CARAMBOLE, avec mépris.
L'air des Cosaq's est une blague immense,
Car cet été, pour l'exposition,
Les étrangers ont envahi la France,
Sans qu'ell' dansât à la voix du canon.

(Tous, criant comme les chanteurs des rues, en faisant le geste de tourner un orgue.)

Les étrangers ont envahi la France,
Sans qu'ell' dansât à la voix du canon.

FRAMBOISY.

Tu as raison... Frappez, et que je n'entende plus parler de cette maudite chanson.

LA CHANSON, sortant de l'orgue.

Arrêtez!

FRAMBOISY.

Une femme court vêtue...

CARAMBOLE, à la Chanson.

Qui êtes-vous? Mademoiselle!

LA CHANSON.

Moi... mais votre ennemie... celle que vous voulez tuer...

TOUS.

La Chanson!...

CARAMBOLE.

Ah! mais, elle est très-gentille... je m'oppose à ce qu'on lui fasse du bobo.

TOUS.

Moi aussi...

LA CHANSON.

Merci... mais je n'ai pas besoin de vous...

Air de *Minette* (M. Mangeant).

Insensés!... mais croyez-vous donc
Qu'il faille prendre ma défense;
La Chanson est fille de France,
On ne tuera pas la Chanson.
Vos bons ancêtres, quoi qu'on dise,
Pourraient vous faire la leçon :
Qui leur donnait gaîté, franchise,
Amour, jeunesse?... la Chanson.....
Désaugiers, rimeur sans façons,
Vieux père de la gaudriole,
Ta muse égaie et nous console,
C'est qu'elle nous parle en chansons.
Qui savait charmer un poëte
Dans son grenier?... De francs garçons,
La robe blanche de Lisette,
Vingt ans, et l'amour des chansons.
Nos aïeux, au bruit du bouchon,
Parlaient ils parfois politique,
Ils finissaient leur polémique
Avec la *Mère Gaudichon*.
A tout baptême, c'est l'usage,
Le parrain chante des couplets;
On chante au jour du mariage,
Quitte à ne plus chanter après.
(A Framboisy.)
Tout chante... et tu voudrais... mais non...
Tu renonces à ta vengeance;
La Chanson est fille de France;
On ne tuera pas la Chanson!

ENSEMBLE.

Tout chante, et tu voudrais, mais non.. etc.

TOUS.

Ce serait une trahison!...
Il doit abjurer sa vengeance;
La Chanson est fille de France;
On ne tuera pas la Chanson!

MADAME DE FRAMBOISY.

Mais certainement... c'est absurde... Après ça, vous êtes si bête!...

FRAMBOISY.

Taisez-vous, femme à la crinoline. (A la Chanson.) Qu'est-ce que vous me chantez, vous? Je veux la guerre!... A bas la Chanson!

CARAMBOLE.

Mais, patron...

FRAMBOISY, furieux.

Fiche-moi la paix!

CARAMBOLE, s'emportant.

Ah! c'est comme ça! eh bien, oui, je vous la fiche! vous me devez six mois de gages. Vous n'avez pas le sou, je vous lâche d'un cran.

FRAMBOISY.

Je m'en moque pas mal...

LA CHANSON.

Très-bien! (A Carambole.) Je te prends à mon service.

CARAMBOLE.

Bah! vraiment!

LA CHANSON.

Viens avec moi... je te ferai parcourir Paris... tu verras tout ce que cette année a inventé de grand, de bizarre ou de comique. Tout ce que mes refrains doivent exalter ou ridiculiser.

CARAMBOLE.

Ça me va. Je vais *rigoler*. Adieu, patron.

FRAMBOISY.

Va-t-en vagabonder sur le pavé de Paris... (A la Chanson.) Et vous, ne vous rencontrez jamais sur mon chemin. (A sa femme.) A Framboisy! madame.

LA CHANSON.

A Paris!

REPRISE DE L'ENSEMBLE.

C'en est trop, sa conduite, etc.

LA CHANSON, CARAMBOLE.

Allons, partons bien vite,
Oublions tous ses torts.
Quand le plaisir t'/m'invite,
Quitte-/Quittons-le sans remords.

(Ils sortent.)

PREMIER ENTR'ACTE.

Fin du prologue. — La toile baisse, aussitôt le marchand de journaux paraît au balcon, et se précipite au premier rang, en bousculant tout le monde.

—

LE MARCHAND, criant.

Journal et Programme des spectacles, les noms et rôles des acteurs. Demandez...

UN MONSIEUR.

Faites donc attention... vous me marchez sur les pieds...

LE MARCHAND.

Ça n'est pas ma faute... mon état l'exige.

LE MONSIEUR.

Votre état l'exige... votre état l'exige...

LE MARCHAND.

Faut que je fasse mon état... (Criant.) Journal et Programme!..

LE MONSIEUR.

Mais c'est fort désagréable... allez plus loin.

LE MARCHAND.

Est-il rageur, ce monsieur-là... je ne peux pas m'en aller avant d'avoir vendu.

LE MONSIEUR.

Eh bien! donnez-moi un Programme, et filez.

LE MARCHAND.

Voilà, Monsieur, voilà... Noms et rôles des acteurs, tout y est. (Rendant la monnaie.) Journal et Programme!..

UN MONSIEUR, au parterre.

Eh! psit! psit! l'homme!

LE MARCHAND.

Voilà, m'... voilà...

LE MONSIEUR.

Mais vous ne me rendez que cinq sous.

LE MARCHAND.

D'abord, vous vous trompez... je vous rends vingt-cinq centimes... et vingt-cinq centimes pour le Programme.

LE MONSIEUR.

Comment! vingt-cinq centimes... le Programme ne coûte que trois sous... je connais la taxe.

LE MARCHAND.

Oh! la taxe! ce monsieur est bouché... c'est un citoyen de la troisième catégorie... Parlons lui sa langue : Monsieur, je suis incapable de vous surfaire... La loyau... té... la loyauté est la plus belle coiffure d'un marchand de journaux.

LE MONSIEUR.

Ah! vous m'ennuyez... allez-vous-en.

LE MARCHAND.

On s'en va, M'... on s'en va.

LE MONSIEUR.

Mais vous me marchez sur les pieds.

LE MARCHAND.

Oui, M'..., mon état l'exige. Il a une bonne binette... (Criant.) Journal et Prog... (A une dame de la salle.) Voulez-vous un Programme, Madame... Préférez-vous le *Figaro*... c'est un journal bien gentil, allez... il ne dit jamais de mal de personne.

LE MONSIEUR.

Eh! dites donc, l'homme...

LE MARCHAND.

Encore... vous voyez, c'est vous qui me rappelez... (Il repasse au premier rang.)

LE MONSIEUR.

Vous m'avez donné un Programme de la semaine dernière...

LE MARCHAND, riant.

Je le sais bien... si j'en avais eu un de quinze jours, je vous l'aurais donné tout de même. Vous comprenez bien qu'il faut que je place les numéros qui me sont restés... sans ça j'y mettrais du mien. Ce M'... là-bas, eh bien, je lui en ai donné un d'avant-hier... J'en ai encore trois, si vous les voulez au même prix.

LE MONSIEUR.

Eh! dites donc, vous là-bas, je vous retrouverai.

LE MARCHAND.

Vous êtes bien bon, Monsieur; vous voyez, il veut me donner sa pratique.

LE MONSIEUR.

Reprenez votre journal, que voulez-vous que j'en fasse...

LE MARCHAND.

Faites-en des cocottes... ça vous amusera... vous les placerez sur le rebord de la galerie, ça sera très-drôle.

LE MONSIEUR.

Vous ne voulez pas le changer?

LE MARCHAND.

Donnez-moi vingt-cinq centimes, je vous en donnerai un autre.

Il est bon, ce monsieur. (Avec force.) D'ailleurs, ça se fait, et votre insistance est déplacée... Prenez-en votre parti gaiement... Journal et Programme des spectacles!

LE MONSIEUR.

C'est bien, vous aurez de mes nouvelles.

LE MARCHAND.

Ça me fera plaisir... si vous voulez m'en donner en même temps de madame votre épouse, ça me fera plaisir aussi... Après ça, vous êtes peut-être garçon... *boucher!* (Il se met à rire; puis avec beaucoup de flegme.) Demandez, les noms et rôles des acteurs!

LE MONSIEUR.

Je me plaindrai demain à l'administration.

LE MARCHAND, effrayé.

Oh! sapristi!.. pas de bêtises, Monsieur; je vais vous en donner un autre.

LE MONSIEUR.

Maintenant, je n'en veux plus.

LE MARCHAND, insistant.

Je vous donnerai par-dessus le marché un numéro du *Constitutionnel*... le fameux numéro où il y a un petit bœuf dessiné sur la première page. (Il le lui fait voir.) Un petit bœuf coupé par tranches... regardez... c'est très-joli... voici la culotte... ça empêchera votre cuisinière de vous mettre dedans... Il y a aussi un premier-Paris sur *l'entre-côte* et le *gîte à la noix*...

LE MONSIEUR.

Je n'en veux pas.

LE MARCHAND.

Mais vous allez me faire perdre ma position sociale.

LE MONSIEUR.

Tant pis pour vous, ça vous apprendra à tromper le monde.

LE MARCHAND.

Mais vous n'avez donc pas d'entrailles?

LE MONSIEUR.

Si fait.

LE MARCHAND.

Vous n'en avez pas.

LE MONSIEUR.

Mais...

LE MARCHAND.

Faites voir un peu... Ah!.. vous êtes pris là, mon bonhomme.

LE MONSIEUR, se coiffant avec colère.

Tout ça est inutile... on va commencer... laissez-nous.

LE MARCHAND.

Ah! c'est comme ça... vous ne voulez pas que je vous donne le *Constitutionnel* avec un petit bœuf... une fois, deux fois, trois fois... voulez-vous le petit bœuf!..

LE MONSIEUR.

Non! non! non!

LE MARCHAND.

Eh bien! v'lan!.. (Il lui donne un renfoncement et se sauve.)

LE MONSIEUR.

Ah! gredin! polisson!.. (Il court après. Le marchand de journaux crie en se sauvant : Journal et Programme des spectacles. L'ouverture commence aussitôt, et la toile lève sur le deuxième acte.)

ACTE II.

Une rue.

SCÈNE PREMIÈRE.

LA CHANSON, CARAMBOLE, puis LES FLEURS.

LA CHANSON.

Allons... suis-moi... arrive donc...

CARAMBOLE, entrant en écossais.

Me voilà!... madame la Chanson, me voilà...

LA CHANSON.

Oh! que tu es beau!...

CARAMBOLE.

Aux *Magasins du Louvre*... Genre écossais... costume complet...

LA CHANSON, riant.

Trop complet...

CARAMBOLE, désignant le pantalon.

A cause de... Farceur d'Écossais, vas...

LA CHANSON.

Eh bien!... regrettes-tu de m'avoir suivie...

CARAMBOLE.

Moi... pouvez-vous me le demander... ne suis-je pas votre page, votre beau-page... Au chef d'orchestre. L'air du *Piano de Berthe*, s'il vous plaît.

Air :

Avec vous j'irais,
Et je parcourrais
Villes et hameaux, vallons et forêts;
Ma félicité serait sans seconde,
Et comm' Lapeyrouse, (*très-vite*) dussiez-vous faire le tour du monde,
Avec vous j' le f'rais,
Avec vous, j'irais.

LA CHANSON.

Tu es galant.

CARAMBOLE.

Spirituel... voilà tout... (Regardant au fond, autour de lui.) Ah çà!... où sommes-nous ici?

LA CHANSON.

Dans une des rues les plus fréquentées de Paris...

CARAMBOLE.

C'est donc ça qu'il n'y passe personne.

LA CHANSON.

Patience!... ça va venir... (Ritournelle.) Tiens, écoute....

CARAMBOLE, regardant dans la coulisse.

Bigre!... des femmes!... ayons l'œil américain. (Entrent le Camélia, la Rose, le Dahlia; elles ont leurs costumes de fleurs. — Elles tiennent à la main de petites valises.)

CHŒUR DES FLEURS.

Air des *Bohémiens* (de Loïsa Puget.)

Qui nous recueillera?
Qui nous abritera?
On nous flanque à la porte!
Nous traiter de la sorte;
Ah! l'injure est trop forte.
Qui vengera mes sœurs,
Les pauvres fleurs.

CAMÉLIA.

De notre palais d'horticulture
Nous chasser, et sans nous prévenir!...

LA ROSE.

Adieu nos retraites de verdure.

DAHLIA.

Dans Paris, qu'allons-nous devenir?

ENSEMBLE.

Qui nous recueillera? etc.

CARAMBOLE.

Ces dames sont sur le pavé?...

LE CAMÉLIA.

Oui, Monsieur... on nous a mises à la porte...

LA VIOLETTE.

On nous a flanquées dehors...

CARAMBOLE, à la Chanson.

Elles n'auront pas payé leur terme... ce sont des farceuses...

LA CHANSON.

Mais du tout... ce sont les fleurs de l'exposition d'horticulture... qu'on a renvoyées de leur jardin des Champs-Élysées...

LE CAMÉLIA.

Oui, Monsieur... hier, on est venu nous signifier que nous ayons à déguerpir.

LA ROSE.

Dans les vingt-quatre heures...

LA VIOLETTE.

Comme des pas grand'chose!...

LE CAMÉLIA.

C'est à peine si on nous a laissé le temps de faire nos paquets...

LA ROSE.

Nous avons pris nos malles... nos valises...

LE DAHLIA.

Nos sacs de nuit...

LE CAMÉLIA.

Nous avons mis quelques feuilles dedans... et nous sommes parties...

LE DAHLIA.

Et toute la nuit, nous avons couru dans ce grand Paris...

CHŒUR.

Air du *Bal de la Halle*.

Ça ne peut pas durer comm' ça!
Paris entier nous admira,

Et sur le pavé nous voilà.
De l'hiver qui nous vengera?...

LE DAHLIA.

Les patrouilles, c'est atroce,
Nous ont prises pour des fleurs
Qui, voulant faire la noce,
V[illegible]chercher des amateurs.

REPRISE DU CHŒUR.

Ça ne peut pas durer comm' ça, etc.

LA ROSE.

Plus d'un passant, je suppose,
En me voyant, quel ennui!...
A peut-être pris la rose
Pour une belle de nuit.

REPRISE DU CHŒUR.

Ça ne peut pas durer comme ça, etc.

LE CAMÉLIA.

Au jardin d'Hiver, gentilles,
Nous régnions... et maintenant
On y danse des quadrilles,
On y pince le cancan.

CARAMBOLE.

Mais alors le jardin d'Hiver n'est plus qu'un petit bastringue...

REPRISE DU CHŒUR.

Ça ne peut pas durer comme ça, etc.

LA CHANSON.

Voyons, Mesdemoiselles... calmez-vous... Les étrangers ne vous ont-ils pas fêtées, admirées?...

Air de *l'Apothicaire*.

Paris vous voit avec amour,
Et l'avenir n'est pas à craindre;
De votre sort, jusqu'à ce jour,
Il est injuste de vous plaindre.

LE CAMÉLIA.

Nous traiter ainsi sans façon!...

CARAMBOLE.

Ah! Mesdames, soyez sincères,
C't été, pendant l'exposition,
Nous avons bien fait nos affaires.

LE CAMÉLIA.

Oui... mais maintenant que devenir... où aller?...

ENSEMBLE.

Air des *Sept Châteaux*.

Fortune cruelle!
Qui nous/les sauvera,
Quand le froid les/nous gèle,
Qui nous/les logera.

SCÈNE II.

LES MÊMES, L'EXPOSITION.

L'EXPOSITION, paraissant.

Moi!...

LES FLEURS.

L'Exposition!...

L'EXPOSITION.

Errantes dans la ville,
Après tant de succès!
Vous êtes sans asyle...
Venez dans mon palais.

LES FLEURS.

Fortune nouvelle!
Un Dieu l'envoya...
O bonheur! c'est elle
Qui nous sauvera.

CARAMBOLE, à part.

Que ne suis-je la rose des bois!... Elle me recevrait.

LE CAMÉLIA.

Dans votre palais... mais on le dit si encombré...

L'EXPOSITION.

Encombré!... vous ne savez donc pas ce qui m'est arrivé. Il est vide! mon palais!

TOUTES.

Bah!...

L'EXPOSITION.

Air des *Petits Bateaux*.

Hélas! j'ai tout perdu,
On n'a laissé que la muraille;
Hors les pierres de taille,
On a tout pris ou tout vendu.
On m'a tout enlevé:
C'est vraiment triste quand j'y songe,
Ma splendeur fut un songe,
Et me voilà sur le pavé.
Tout Paris, cet été,
M'a dit que j'étais belle;
Partout on a cité
Mon luxe et ma beauté.
Tous les peuples rivaux,
Poussés d'un même zèle,
M'adressaient en cadeaux
Leurs trésors les plus beaux;
Moi, je les acceptais,
Agissant peut-être en coquette,
Et je les recevais
Au sein de mon riche palais.
On m'offrait... je prenais...
Mon luxe me tournait la tête...
Des Français, des Anglais,
Des Chinois même j'acceptais.
J'avais des Gobelins
Les plus riches tentures;
De nos manufactures
Les tissus les plus fins.
Mon luxe était royal;
Et je trempais ma lèvre
Dans la coupe de Sèvre,
Où l'éclatant cristal,
Glaces de Saint-Gobain,
Chefs-d'œuvre de notre patrie,
Bijoux, argenterie,
Un moment j'eus tout sous la main.
Dans mon boudoir j'avais
Les diamants de la couronne,
Et je rêvais un trône
Quand sur mon front je les posais.
Au réveil, quels moments!...
Il m'a fallu tout rendre...
Un jour, on vint tout prendre,
Glaces et diamants,
Dentelles et tapis,
Meubles et diadèmes,
Coupés, chemises mêmes,
Les brigands m'ont tout pris.
On m'a tout enlevé;
C'est vraiment triste quand j'y songe!
Ma splendeur fut un songe,
Et me voilà sur le pavé!

REPRISE ENSEMBLE.

On a tout enlevé;
C'est vraiment triste, quand j'y songe!
Sa splendeur fut un songe,
Et la voilà sur le pavé.

L'EXPOSITION.

Jusqu'à mes tourniquets qu'on a démontés...

CARAMBOLE.

Ah! oui... ces fameux tourniquets qui vous donnaient de grands coups de poing dans le ventre!

LA CHANSON.

Et votre galerie de tableaux?...

L'EXPOSITION.

On est en train de la déménager... regarde... (Un grand tableau sort de dessous terre. Il représente un personnage grotesque. On lit au-dessus: Réalisme de M. Courbet, et en bas: Portrait d'une jeune fille.)

CARAMBOLE.

Ceci une jeune fille...

L'EXPOSITION.

Il y en a comme ça.

CARAMBOLE.

Ah! je plains sa famille! (Un second portrait sort de terre, c'est le portrait d'Hyacinthe en dandy... avec ces mots en bas: Portrait d'un fils de famille.)

CARAMBOLE, riant.

Oh! là! là! mon Dieu!... oh! là! là! mon Dieu!...

LA CHANSON.

Il y en a comme ça.

CARAMBOLE.

On m'a parlé aussi d'une baigneuse assez décolletée.

L'EXPOSITION.

Paraissez, la Baigneuse. (Troisième tableau représentant la Baigneuse de Courbet exagérée et tournant le dos au public. On ne voit que son dos qui est gigantesque et ses mollets qui sont fabuleux; le milieu du corps dissimulé par des touffes de roses.)

CARAMBOLE.

Comme c'est heureux qu'il y ait des roses dans ce pays-là! Comment, ceci est une dame qui se baigne...

L'EXPOSITION.

Il y en a comme ça...

CARAMBOLE.

Je plains la baignoire!...

LA CHANSON.

Ainsi, tout est enlevé.

L'EXPOSITION.

Je n'ai plus rien... Moi qui recevais chaque jour tant d'adorateurs... à un franc par tête... tous les matins je prenais mon café à quatre sous la tasse... on me faisait de la musique. M. Alfred Quidant me jouait l'air de... (Chantant.)

Petit enfant que j'ai l'âme attendrie...

Il me l'a joué pendant six mois... eh bien! je m'y habituais.

LA CHANSON.

Et maintenant...

L'EXPOSITION.

Maintenant, je suis seule... Je me promène dans mes longues allées, et je m'ennuie.

CARAMBOLE.

Ne parle-t-on pas de loger chez Madame une centaine de mille hommes?

L'EXPOSITION.

Trois ou quatre régiments de cuirassiers! Ça me distrairait un peu, mais rien n'est décidé!... Qui viendra prendre mon beau palais?... (Plusieurs individus se précipitent en scène.)

TOUS.

Moi!... moi!... moi!...

ENSEMBLE.

LES TROIS INDUSTRIELS.

Air :

A moi, à moi qu'il appartienne,
A moi, à moi, ce beau palais;
Il faut, il faut que je l'obtienne,
Pour théâtre de mes succès.

LES AUTRES.

Ah! que du moins on se souvienne
De la gloire de ce palais;
En le prenant qu'on y soutienne
L'éclat de ses premiers succès.

L'EXPOSITION.

Et que voulez-vous faire de mon palais?

PREMIER INDUSTRIEL.

Moi, je veux y établir la Bourse.

DEUXIÈME INDUSTRIEL.

Moi, je veux continuer mon grand buffet américain... cent mille couverts!...

TROISIÈME INDUSTRIEL.

Moi, mes concerts monstres, douze mille cinq cents musiciens...

TOUS.

A moi! à moi! à moi!

L'EXPOSITION.

Y établir la Bourse!... entendre parler pendant deux heures de reports, de primes dont dix, et de trois mille dont deux sous.

CARAMBOLE.

Voilà qui ne serait pas gai!...

L'EXPOSITION.

Y continuer ton petit commerce de biftacks et de champagne frappé; au lieu de mes parfums...

CARAMBOLE.

Respirer la cotelette!...

L'EXPOSITION.

Casser mes vitres avec tes symphonies soi-disant en ut... m'étourdir avec ta marche aux flambeaux et tes trompettes de saxe... Arrière, faquins!... vous ne ferez de moi ni un temple pour la spéculation, ni une maison d'or, ni un prétexte à charivaris.

LA CHANSON ET LES FLEURS.

A la bonne heure!

L'EXPOSITION.

Je me rappelle mon triomphe, et j'ai ma fierté!... Arrière!... faquins, arrière!...

Air de *la Marseillaise des femmes.*

Oui! j'ai mes titres de noblesse,
Et je saurai les conserver;
Je veux donner gloire et richesse
A Paris qui sut m'élever.
Pour les arts et l'industrie,
La France ouvrit un palais;
Le monde en notre patrie,
Sous le drapeau du progrès
Accourait,
Se pressait.

TOUS.

Se pressait.

L'EXPOSITION.

Année immense!
Pour récompense
De tes rivaux,
Entends les bravos...

TOUS.

En avant... (*bis.*)

L'EXPOSITION.

Que l'univers, l'univers parte en répétant:
La France (*ter.*)
Marche au premier rang.

TOUS.

Que l'univers, etc.

(Sortie générale.)

SCÈNE III.

CARAMBOLE, LA CHANSON, puis MARTIAL.

CARAMBOLE.

Ah! elle les a joliment rembarrés... (Chantant.)

La France... (*bis.*)

LA CHANSON.

Elle a eu raison...

MARTIAL, en dehors.

Enfoncé la Dame blanche!... enfoncé la Favorite...

CARAMBOLE.

Oh! oh! qui nous arrive là?...

MARTIAL, entrant.

Air de *Méridien.*

Pristi! quel bonheur,
Me voilà conducteur:
Ah! quand j'y pense,
Pour moi quelle chance!
Pristi! quel bonheur,
Me voilà conducteur;
Oui, j'ai l'honneur
D'être conducteur.
Rangez-vous tous! à moi l'espace!
Tous les quartiers sont mes amis!
Rangez-vous tous! faut que je passe,
J' suis roi du pavé de Paris!
A tout bourgeois qui me supplie,
Et me dit : Un' plac' s'il vous plaît,
Ah! quel plaisir, les jours de pluie,
De pouvoir répondre : Complet.
Complet (4 *fois.*)
Pristi quel bonheur!... etc.

Enfoncé la Favorite!... enfoncé tout le bataclan!

CARAMBOLE.

Comment!... il n'y a plus d'omnibus dans Paris?...

MARTIAL.

Au contraire, mon bourgeois, il n'y a plus que ça... Plus de Dames blanches... plus de Béarnaises... rien que des Omnibus, avec une lettre pour les reconnaître... ce qui fait qu'aujourd'hui faut savoir lire pour monter en voiture... sans ça, bernique... pas moyen de faire ses courses...

LA CHANSON.

C'est pourtant vrai!...

CARAMBOLE.

Alors, maintenant les Omnibus sont lettrés.

MARTIAL, montrant sa casquette surmontée d'un T.

Voyez plutôt...

CARAMBOLE.

Ça fait qu'en vous prenant, on prend le T...

MARTIAL.

On prend l'R... on prend l'O...

CARAMBOLE.

Le P...

MARTIAL.

Enfin, toutes les lettres de l'alphabet... O les Omnibus!... en v'là une crâne invention!

Air du *Vin à 4 sous.*

De son riche briska
Le dandy fait parade;
La lorette inventa
Le panier à salade. } *bis.*
Vous qui dans la panne êtes tous,
Narguez donc le destin jaloux.

De la débine bravant les coups,
Venez vite, venez à nous.
Car, nous vous conduirons n'importe où,
De la Madeleine au Gros-Caillou ;
Et que vous ayez un rendez-vous,
Ru' Vivienne ou ru' Pont-aux-Choux,
Venez vite, venez à nous,
Panés, nous roulerons pour vous.
Et nous vous ferons faire à tous
Le tour de Paris pour six sous.
Je dépose souvent,
Des joueurs à la Bourse.
Mais hélas en sortant, } *bis.*
Pour me payer ma course,
Les malheureux ! le croiriez-vous,
Ne possèdent mêm' plus six sous ;
Ils se sont trompés et sont tous
Enfoncés dans l' troisième dessous.
La rente a grimpé de vingt-deux sous,
Tous les chemins sont à des prix fous ;
L'Orléans vient de monter beaucoup ;
Les mouzaia même ont fait un coup ;
Mais c'est égal, venez à nous,
Panés, nous roulerons pour vous.
Et, si vous n'avez plus six sous,
Vous grimp'rez aux plac's à trois sous !...

LA CHANSON.

L'Omnibus n'a qu'à bien se tenir, on parle d'un chemin de fer dans tous les quartiers de Paris...

CARAMBOLE.

Oui... un nouveau chemin de fer... à cheval.

MARTIAL.

Ah! ouiche!...

LA CHANSON.

N'a-t-on pas déjà le chemin de fer de ceinture?...

MARTIAL.

Oui!... pour ceux qui ont le temps... En v'là un, de chemin de fer. Vous avez affaire à Auteuil, n'est-ce pas?

CARAMBOLE.

Moi? non! pas pour le moment!...

MARTIAL.

Je suppose que vous ayez affaire; vous arrivez rue Saint-Lazare... vous attendez un quart d'heure... Enfin v'là qu'on part... Hut!... hut!... hut! (*Musique imitative du bruit d'un chemin de fer.*)

Air de *M. Mangeant.*

C'est huit sous que cela vous coûte,
Vous êtes pressés, cahotés ;
Puis à peine êtes-vous en route,
Que vous v'là de suite arrêtés...

(*Parlé.*) Batignolles! Batignolles!..

Faut qu'on attende
Que l' voyageur descende ;
Un sifflet part
Et le wagon repart.

A Courcelle, on s'arrête ensuite,
Puis on roule à se casser l' cou ;
Vous dit's... Cristi ! qu' ça va donc vite,
Mais on arrête tout à coup.

(*Parlé.*) Porte Maillot!... Porte Maillot!...

Faut qu'on attende
Que l' voyageur descende ;
Un sifflet part
Et le wagon repart.

V'là l' bois de Boulogne sans doute,
Mais au lieu d'arbres qu'est-ce qu'on voit ?
De grands murs le long de la route.
Et l'on arrête le convoi...

(*Parlé*) Porte Dauphiné!... Porte Dauphiné!...

Faut qu'on attende
Que l' voyageur descende ;
Un sifflet part
Et le wagon repart.
Enfin, vous quittez cette porte
Et vous arrivez à Passy ;
Vous dites : le diable m'emporte,
Est-ce qu'on va s'arrêter aussi ?

(*Parlé.*) Passy!... Passy!...

Faut qu'on attende
Que l' voyageur descende ;
Un sifflet part
Et le wagon repart.
Adieu l' bois d' Boulogn', la rivière !
Vous vous croyez bien loin d' Paris,
Vous êtes à deux pas de la barrière.
Mais v'là trois heur's qu' vous êtes partis !

(*Parlé.*) Auteuil!.. Auteuil!...

Faut qu'on attende
Que l' voyageur descende ;
L'été, l'hiver,
Oui, voilà ce chemin de fer!!!

CARAMBOLE.

Alors, quand je serai bien pressé, bien pressé, j'irai à pied.

MARTIAL.

A pied... vous arriverez peut-être plus vite... Mais c'est égal, on ne dégottera pas l'Omnibus... (*Regardant dans la coulisse.*) Au revoir, mon bourgeois... bien des choses chez vous!... (*Se servant de ses mains comme d'un porte-voix, et criant comme les conducteurs.*) Les voyageurs pour la ligne des Boulevards... Boulevards, Italien, Montmartre, Poissonnière, Portes, Saint-Denis, Saint-Martin... la Bastille!...

Venez vite, venez à nous,
Panés, nous roulerons pour vous ;
Et nous vous ferons faire à tous
Le tour de Paris pour six sous.

REPRISE ENSEMBLE.

Venez vite, venez à nous,
Panés, nous roulerons pour vous, etc.
(*Sortie de Martial.*)

SCÈNE IV.

LES MÊMES, *moins* MARTIAL.

CARAMBOLE.

Bon voyage!... Tiens! j'ai oublié de lui demander s'il allait du côté de l'Hippodrome... je l'aurais prié de nous y conduire.

LA CHANSON.

C'est bien inutile!... (*On entend des la la dans la coulisse.*) Voici deux de ses principaux artistes qui nous arrivent.

CARAMBOLE.

Bah ! qui donc ?

LA CHANSON.

Les aztecs.

SCÈNE V.

LES MÊMES, LES AZTECS. (*Ils entrent en courant et gambadant. — Ils poussent de petits cris et tournent sans cesse autour de Carambole, qui a toutes les peines du monde à s'en débarrasser.*)

ENSEMBLE.

LA CHANSON.

Oui, les voilà ! (*bis.*)

CARAMBOLE.

Ah ! qué qu' c'est qu' ça ? (*bis.*)
Les aztecs, les voilà ?
Qui pourrait croire ça ?
Les aztecs ils sont là !
Qui pourrait croire ça !

CARAMBOLE, *poursuivi par les aztecs, qui lui font des niches, lui tirent les cheveux, lui piquent les mollets.*

Mais laissez-moi donc tranquilles, sapristi ! voulez-vous bien ne pas m'astecoter comme ça...

LA CHANSON.

Oh! ils ne t'entendent pas... ils ne parlent pas français.

CARAMBOLE.

Quelle langue parlent-ils donc?

LA CHANSON.

On ne peut pas le savoir.

CARAMBOLE.

Attendez; je vais tâcher de le découvrir. (*Parlant nègre.*) Vous embêter petit blanc, et petit blanc flanquer giffle à vous. (*Les aztecs continuent à le tourmenter.*)

LA CHANSON, *riant.*

Ils ne comprennent pas le nègre.

CARAMBOLE.

Attendez... vô embêtir bocop le gentleman... (*Les aztecs lui font des pieds de nez.*) Ils croient que je parle du nez. Je vais me faire comprendre. (*Il leur donne un coup de pied.*)

PREMIER AZTEC, *arrêtant sa pantomime.*

Est-ce que ça ne va pas finir cette existence-là.

DEUXIÈME AZTEC.

Ah! oui, elle devient mauvaise.

TOUS.

Ils parlent!

PREMIER AZTEC.

Gnouf, gnouf, gnouf!! eh bien! oui, nous parlons. — C'est vrai, ça, c'est embêtant à la fin; si vous croyez que pour trois francs cinquante que l'on nous donne par jour... nous allons continer à nous taire... et à gambader toute la journée.

DEUXIÈME AZTEC.

Comme des singes. Ah! elle est mauvaise la blague... je veux jouir de mes droits civiques.

PREMIER AZTEC.

J'en ai assez de la poule, je vends ma bille.

DEUXIÈME AZTEC.

Moi, je me pousse de l'air.

CARAMBOLE.

Oh! comme ils sont canailles!

DEUXIÈME AZTEC.

Nous avons un petit benef d'amour-propre! c'est vrai!

PREMIER AZTEC.

Oui. . nous faisons des femmes!

DEUXIÈME AZTEC.

Et un peu; bath... des femmes du demi-monde!...

CARAMBOLE, à part.

Oh! qu'ils sont donc canailles, mon Dieu!

PREMIER AZTEC.

Mais malgré ça, ce n'est pas une existence, Monsieur, d'être aztec... Voilà une vilaine profession!

DEUXIÈME AZTEC.

Ah! j'aurais voulu être agent de change!

PREMIER AZTEC.

Moi, j'aurais voulu être adopté par quelqu'un ayant le sac... un épicier en gros.

DEUXIÈME AZTEC.

Tandis qu'on nous montre pour vingt sous...

PREMIER AZTEC.

En compagnie de la Géante...

DEUXIÈME AZTEC.

Oui, Monsieur, on nous fait voir comme des chinoiseries, des potiches, des veaux à trois têtes.

CARAMBOLE.

Alors, il est faux que vous soyez le produit d'une langouste et d'un merlan frit.

PREMIER AZTEC, gambadant.

Gnouf! gnouf! gnouf!... C'est une colle, Monsieur.

CARAMBOLE.

Ah! oui... une blague, je m'en doutais!...

PREMIER AZTEC.

Air du *Nouveau Seigneur*.

Dans le département du Rhône
Nous naquîmes le même jour.

DEUXIÈME AZTEC.

Bien qu' nous ayons un nez d'une aune,
Nous somm's pourtant les enfants de l'amour.

PREMIER AZTEC.

Lyon est la ville de nos pères.

DEUXIÈME AZTEC.

Nous somm's de Lyon.

CARAMBOLE.

Je l'ignorais.

PREMIER AZTEC.

De Lyon; nous sommes les deux frères.

DEUXIÈME AZTEC.

Oui nous somm's les deux frèr's Lyonnais.

ENSEMBLE.

LES AZTECS.

Puisque de Lyon nous sommes deux frères,
Nous sommes donc les deux frères Lyonnais.

CARAMBOLE ET LA CHANSON.

Si de Lyon ils sont les deux frères,
Ce sont les deux frères Lyonnais.

LES DEUX AZTECS, parlant ensemble sur la ritournelle de l'air.

Nous ne sommes pas les frères Lalanne du cirque Olympique, nous ne sommes pas non plus les frères Siamois; nous vous donnons notre parole d'honneur la plus sacrée que nous ne sommes ni les frères Bordelais, ni les frères Mâconnais, ni les frères Provençaux; oui, Messieurs, c'est comme nous avons l'honneur de vous le dire, nous sommes purement et simplement... (Achevant l'air.)

Les deux frèr's Lyonnais,
Nous somm's les deux frères Lyonnais!

CARAMBOLE, leur serrant la main.

Messieurs les Aztecs, enchanté d'avoir fait votre connaissance...

PREMIER AZTEC.

Payez-vous un petit verre?

CARAMBOLE.

Comment donc!...

DEUXIÈME AZTEC.

Ce n'est pas possible... nous avons une séance... à l'*Hôtel d'Osmond!*... (D'une voix lugubre.) Reprenons notre gaieté...

PREMIER AZTEC.

Soyons folâtres... Proust!... (Ils se remettent à gambader et à pousser des petits cris et sortent.)

ENSEMBLE, REPRISE.

Ah! qué qu' c'est qu' ça!... etc.

CARAMBOLE.

Ah! ils me plaisent beaucoup, ces gens-là... mais ils manquent de distinction! moi, j'en ai... parce que *je hante* la bonne société!...

SCÈNE VI.

CARAMBOLE, LA CHANSON, PATACHON, GIRAFIER.

(Patachon et Girafier entrant; ils ont le costume des deux aveugles des Bouffes-Parisiens... le premier à un trombone, le deuxième une mandoline.)

PATACHON, tâtonnant avec son bâton et en donnant un coup dans les jambes de Carambole.

Ayez pitié d'un pauvre aveugle qui ne voit pas clair...

CARAMBOLE.

Deux Quinze-Vingt!

GIRAFIER, même jeu.

Ayez pitié d'un pauvre aveugle atteint de cécité, et même privé de la vue...

CARAMBOLE.

Ah! je les reconnais... j'ai vu la gravure... vous êtes les deux aveugles des Bouffes-Parisiens... Et où allez-vous, comme ça?

PATACHON.

Nous déménageons.

GIRAFIER.

Nous allons au théâtre Comte.

CARAMBOLE.

Sans indiscrétion, qu'y comptez-vous faire?

PATACHON.

Y chanter notre fameux boléro...

GIRAFIER.

Le boléro à Monsieur...

CARAMBOLE.

Ah! volontiers... j'aime la musique italienne!

PATACHON.

Air et paroles des *Deux Aveugles*.

La lune brille,
La nuit scintille,
Viens, ma gentille,
Suis ton Pedro;
A ta fenêtre
Daigne paraître,
Brave ton maître,
Ton Bartholo!
Entends là-bas,
Les manolas,
Les boleras,
Les fandangas.
Viens, il fait beau, beau, beau.

GIRAFIER.

Suis ton Pedro, dro, dro.

ENSEMBLE.

Digu, digu, digu.
La lune brille, etc.

(Parlé.) Pauvre aveugle, s'il vous plaît...

CARAMBOLE, qui a fouillé dans sa poche, en retire un sou.

Voilà!

PATACHON, regardant le sou.

Pardon, c'est un monaco!

CARAMBOLE.

C'est juste... Comme c'est heureux que vous vous en soyiez aperçu... En voilà un autre... (Il le lui donne.)

PATACHON.

Oh! pardon!... (Apercevant un cheveu sur l'habit de Carambole et le soufflant.) Un cheveu là.

CARAMBOLE.

Mais vous êtes des filous... Vous n'êtes pas plus aveugles que moi...

PATACHON.

Vous croyez...

CARAMBOLE.

J'en suis sûr...

PATACHON.

Eh bien! c'est vrai... mais nous n'en sommes pas moins malheureux... voyez... (Ils retournent l'écriteau qu'ils portaient sur la poitrine et sur lequel était écrit: *Aveugles*.)

CARAMBOLE, lisant l'écriteau de Patachon.

Sourd comme un pot... (Lisant l'écriteau de Girafier.) Sourd comme une cruche... ah! c'est gênant!... Alors, quand on vous parle?...

PATACHON.

Quand on nous parle... nous n'entendons pas...

CARAMBOLE.

Cependant, quand on crie bien fort... bien fort?...

GIRAFIER.

Oh! quand on crie bien fort, bien fort... nous n'entendons pas davantage...

CARAMBOLE.

Et comment ça vous est-il venu?

PATACHON.

A la suite d'événements politiques.

CARAMBOLE, en colère.

Vous vous fichez de moi.

PATACHON.

Ne criez pas tant, Monsieur... nous ne sommes pas...

CARAMBOLE.

Vous n'êtes pas sourds?

GIRAFIER ET PATACHON.

Si, Monsieur, nous sommes sourds!

SCÈNE VII.

LES MÊMES, UN ESPAGNOL, UNE ESPAGNOLE.

L'ESPAGNOL, entrant.

Ça n'est pas vrai.

PATACHON ET GIRAFIER.

Ciel!

L'ESPAGNOL.

Tout ce qu'ils vous débitent, c'est des craques.

CARAMBOLE.

Quels sont ces deux êtres de sexe si différents.

L'ESPAGNOLE ET L'ESPAGNOL.

Les Folies-Nouvelles!

L'ESPAGNOL.

Boulevard du Temple... un charmant petit endroit.

PATACHON.

Une vraie cave.

L'ESPAGNOL.

Insolent... propre à rien... cré *demonio*.

CARAMBOLE.

Noble hildago, ne nous emportons pas, nous nous en porterons mieux, comme on dit pariout.

L'ESPAGNOLE.

Ce sont des intrigants qui veulent nous supplanter.

GIRAFIER.

Et nous y arriverons.

L'ESPAGNOL.

Vous? allons donc!... vous n'êtes que de faux aveugles, de faux chanteurs, de faux bonshommes... tandis que nous...

L'ESPAGNOLE.

Nous sommes de vrais Espagnols. (Elle fait résonner ses castagnettes.)

CARAMBOLE.

Oh! du moment qu'ils ont des castagnettes... qui dit castagnettes, dit Espagnol.

L'ESPAGNOL.

Écoutez un peu comme nous pinçons la sérénade.

Air et paroles d'*Hervé*.

Nous sommes du pays de Grenade,
Pays de la sérénade.
En dépit de l'alcade,
Quand vient l'heure du rendez-vous,
Agaçons les maris jaloux.
En dépit de mainte et mainte estocade
Qui détruit notre calvalcade,
Redoublons notre sérénade...
Oui, narguons les cruels époux,
Qui dépens'nt leur fortune à nous flanquer des coups.
Ah! que les plaisirs sont doux,
Quand on reçoit des coups
Pour la jeune personne;
Oui, l'heure du bonheur sonne!
Mon cœur est sur le gril
Fichons-nous de l'alguazil!

GIRAFIER ET PATACHON.

Ah! que c'est mauvais!...

CARAMBOLE.

Ah! voilà une jolie poésie!

L'ESPAGNOLE.

Et notre danse donc, Monsieur?

L'ESPAGNOL.

La gallegada.

CARAMBOLE.

La gallegada!... connais pas... Pincez-moi donc, sans vous commander.

L'ESPAGNOL ET L'ESPAGNOLE.

Regardez! (Ils sortent chacun d'un côté du théâtre.)

CARAMBOLE.

Eh bien! ils s'en sont?... (Les apercevant qui montrent leur tête.) Ah les voilà... ils jouent à cache-cache... coucou!...

L'ESPAGNOL ET L'ESPAGNOLE.

Fait! ah! fait! (Ils rentrent et exécutent la gallegada. — Danse.)

CARAMBOLE, après la danse.

Voulez-vous que je vous dise mon opinion... vous êtes comme les aveugles, vous... vous êtes des monteurs de coups.

TOUS.

Hein?

CARAMBOLE.

Mais ce que vous venez de me danser là, c'est la bourrée... Ils disent qu'ils sont Espagnols!... Tenez, son mouchoir est marqué: R. V... Allons, allons, vous êtes des Espagnols de Saint-Flour.

L'ESPAGNOL, accent auvergnat.

Des charabias!... vous croyez ça, fichtra!

CARAMBOLE.

Voyons... décampez tous, et bien vite!

PATACHON.

Mes enfants, je paie une tournée.

TOUS.

Accepté!

L'ESPAGNOL.

Oh! moi! d'abord, j'adore le pousse-café.

PATACHON.

En route!

Air de *Saltarello*.

Au lieu de s'entre-déchirer,
Au lieu de s'entre-dévorer
Il faut, mes amis,
Rester toujours unis
Contre nos ennemis.

GIRAFIER.

Nos mantilles
Et nos résilles
Sont bêtes, dit-on.
Et nos saynetes si gentilles,
Sans rim' ni raison.

L'ESPAGNOL.

Mais, puisqu'enfin notre public,
Tous les soirs nous trouve du chic,
Soyons, il le faut,
Stupides à gogo
Et bêtes comme un pot.

L'ESPAGNOLE.

Livrons à toutes les folies
Notre gai drapeau,
Et dansons sur les mélodies
De saltarello.

TOUS.

Au lieu de s'entre-déchirer,
Au lieu de s'entre-dévorer,
Il faut, mes amis,
Rester toujours unis
Contre nos ennemis.

REPRISE ENSEMBLE.

Au lieu de s'entre-déchirer, etc.

(Ils sortent en exécutant la danse de saltarello; Carambole les reconduit en dansant aussi. — La musique continue.)

SCÈNE VIII.

CARAMBOLE, LA CHANSON.

CARAMBOLE, tout en dansant.

Ah! je suis bien content d'être à Paris! Oh! Paris! quelle ville! berceau de la civilisation, patrie des arts!... Le commerce et l'industrie se donnent la poignée de mains de la fraternisation... et, partout, le progrès!... Il n'y a pas à dire!... la civilisation marche!... elle marche rudement la civilisation!... Ah! que je suis donc content! que je suis donc content!

LA CHANSON, rentrant.

Mais, qu'est-ce tu fais donc là?

CARAMBOLE, dansant toujours.

Moi... rien...

LA CHANSON.

Pourquoi danses-tu?

CARAMBOLE, sautillant toujours.

Je ne sais pas.

LA CHANSON.

Ça t'amuse?...

CARAMBOLE, dansant.

Non, ça me fatigue!

LA CHANSON.

Assez! assez!...

CARAMBOLE.

Je vous remercie bien!... vous m'avez rendu un vrai service!

CHŒUR.

Air :

Allons,
Courons!
Car l'hôtel du Louvre
S'ouvre;
Rien de plus beau
Que ce grand hôtel nouveau!

CARAMBOLE, bruit au dehors.

Ah! quel est ce bruit?

LA CHANSON.

Ce sont les voyageurs qui arrivent en foule pour l'ouverture de l'*hôtel du Louvre*.

CARAMBOLE.

Oh! oui... ce fameux hôtel qui devait ouvrir le 1er mai.

LA CHANSON.

Regarde, des Chinois... des Turcs, des Persans... toutes les nations du monde.

CARAMBOLE.

Sapristi!... moi qui y ai retenu une chambre... si on allait me la prendre!...

LA CHANSON.

Viens-y bien vite!... (Ils sortent. — Le théâtre change. — Troisième tableau; hôtel du Louvre.)

TROISIÈME TABLEAU.

Une nuit au grand hôtel du Louvre.

Le théâtre représente une chambre du grand hôtel du Louvre splendidement décorée et dorée partout. Porte au fond; à droite et à gauche de la porte, deux lits dorés avec des rideaux en dentelles; cheminées, fauteuils, etc. Au dessus de la porte du fond on lit : CHAMBRE N° 22,679. A droite de l'acteur, une petite table surmontée d'un télégraphe électrique.

—

SCÈNE PREMIÈRE.

PREMIER ET DEUXIÈME DOMESTIQUE, puis FRAMBOISY ET CARAMBOLE.

(Ils sont magnifiquement vêtus, habits à la française, cravate blanche, chemise à jabot, culotte courte, bas de soie, souliers à boucles, frisure exagérée. — Au lever du rideau, le premier domestique époussette les meubles avec un plumeau dont les plumes sont dorées.)

PREMIER DOMESTIQUE, époussetant.

Très-bien!.... pas plus de poussière que dans mon œil!.... (Appelant.) Arthur!... (Le deuxième domestique entre, il a un mouchoir de dentelle à la main.) les meubles du petit salon, sont-ils bien frottés?

DEUXIÈME DOMESTIQUE.

Voilà le quatrième mouchoir de dentelles que je salis.

PREMIER DOMESTIQUE.

Très-bien!... les voyageurs peuvent venir. (On entend trois coups sur un timbre.) En voilà précisément qui nous arrivent. (Musique.— Deux trappes à droite et à gauche, premier plan, s'ouvrent et livrent passage à Framboisy et à Carambole. Ils sont tous deux assis dans des fauteuils dorés, et tiennent leurs valises sur les genoux.)

FRAMBOISY.

Voilà une bonne manière de monter les escaliers.

CARAMBOLE.

Enfin nous voici dans le fameux hôtel du Louvre! Est-ce bizarre que je vous aie rencontré dans la foule.

FRAMBOISY.

Je suis revenu à Paris pour plaider en séparation avec mon épouse que j'ai surprise *flagrante cupidon*. Mais, je suis tranquille... je l'ai fait flanquer dans une tour obscure.

CARAMBOLE, apercevant les deux domestiques qui saluent jusqu'à terre.

Attention!...

FRAMBOISY.

De quoi?

CARAMBOLE.

Voici du monde. (Ils saluent.)

FRAMBOISY.

Des ambassadeurs sans doute... soyons *rup*... (Ils saluent de nouveau.)

CARAMBOLE.

Mille pardons, Messieurs, auriez-vous l'obligeance de nous indiquer la manière de nous procurer... un domestique?

PREMIER DOMESTIQUE.

Nous sommes-là pour vous servir.

DEUXIÈME DOMESTIQUE.

Prêts à recevoir vos ordres...

FRAMBOISY.

Bah!..

CARAMBOLE.

Vous seriez des... domestiques!

PREMIER DOMESTIQUE.

Ah! Fi donc!... cavaliers-servants, Messieurs.

DEUXIÈME DOMESTIQUE.

Cavaliers servants! (Tous deux se jettent et s'allongent dans les fauteuils qui ont servi à l'ascension de Framboisy et de Carambole, mettent une jambe l'une sur l'autre, et s'éventent avec de magnifiques éventails. — Carambole et Framboisy sont debout, leurs valises à la main.)

PREMIER DOMESTIQUE.

Nous sommes attachés à votre personne pendant tout votre séjour à l'hôtel du Louvre.

FRAMBOISY.

Ah!... et vous vous nommez, Messieurs.

DEUXIÈME DOMESTIQUE.

Arthur de Tourignan.

PREMIER DOMESTIQUE.

Horace de Mauléon.

FRAMBOISY, s'exclamant.

Des aristos!...

CARAMBOLE.

Bigre!...

PREMIER DOMESTIQUE, s'éventant.

Ruinés par des friponnes du corps de ballet, après avoir dépensé un patrimoine de quinze cent mille livres, nous sommes entrés céans.

DEUXIÈME DOMESTIQUE.

La vie est ainsi faite, mais cor-bœuf, avons-nous vécu!

PREMIER DOMESTIQUE.

Te rappelles-tu, Tourignan, la petite Rose Linon?

DEUXIÈME DOMESTIQUE, riant.

Parbleu!

PREMIER DOMESTIQUE.

Une créature adorable... qui me faisait des notes chez Bender et chez Jannisset... ah!...

DEUXIÈME DOMESTIQUE.

Et qui te trompait, mon cher...

PREMIER DOMESTIQUE.

Avec je ne sais qui... des jeunes premiers des Délassements Comiques, je crois!... Ah! ah! c'est adorable...

DEUXIÈME DOMESTIQUE.

C'est charmant!... ah! ah! (Ils se pâment de rire en se dandinant dans les fauteuils. Framboisy et Carambole les regardent comme ahuris.)

CARAMBOLE, à part.

Voilà de singuliers domestiques par exemple.

PREMIER DOMESTIQUE, toujours assis.

Et ces messieurs n'ont rien à nous ordonner.

FRAMBOISY.

Mon Dieu, non...

PREMIER DOMESTIQUE.

Ne vous gênez pas, mon cher, nous sommes à vos ordres.

DEUXIÈME DOMESTIQUE.

Toujours prêts à vous servir.

PREMIER DOMESTIQUE, tirant un porte-cigare de sa poche et le tendant à Framboisy.

Êtes-vous fumeur?

FRAMBOISY.

Vous êtes bien bon.

DEUXIÈME DOMESTIQUE.

Un panatellas!

CARAMBOLE.

Nous venons de fumer... mais si ces messieurs désirent du feu!

PREMIER DOMESTIQUE, fumant.

Ne vous gênez pas, Messieurs. Dans l'hôtel du Louvre, vous trouvez tout, vous avez tout sous la main!... Deux cent mille chambres, cent cinquante mille appartements.

DEUXIÈME DOMESTIQUE.

Et partout le luxe, le cachet, l'élégance!

PREMIER DOMESTIQUE.

Oh! l'élégance!... Ici, Messieurs, nous visons à l'élégance. (Tout en parlant, il a pris une brosse ainsi que le deuxième domestique, et tous deux se brossent. — A Framboisy.) Oserai-je supplier Monsieur de vouloir bien me donner un coup de brosse par derrière!

FRAMBOISY.

Comment donc, monsieur de Mauléon.

DEUXIÈME DOMESTIQUE, à Carambole.

Oserai-je vous supplier de me rendre le même petit service, Monsieur.

CARAMBOLE.

Mais enchanté! (Carambole et Framboisy tout en ayant leurs valises sous un bras, se mettent à brosser les deux valets. — Tout en brossant.) Ah! voilà de singuliers domestiques par exemple.

PREMIER DOMESTIQUE.

Quand ces Messieurs auront besoin de nous, ils n'auront qu'à sonner.

DEUXIÈME DOMESTIQUE.

Et nous serons à leurs ordres!

CARAMBOLE ET FRAMBOISY, s'arrêtant.

Là! voilà ce que c'est!...

FRAMBOISY.

Et vous avez beaucoup de monde dans cet immeuble?

PREMIER DOMESTIQUE.

Oh! pas beaucoup pour le moment; si nous avons trois cent mille voyageurs, c'est tout le bout du monde.

FRAMBOISY.

Bigre!

DEUXIÈME DOMESTIQUE.

Et de tous les pays... Anglais, Turcs, Américains, Chinois, etc., etc...

CARAMBOLE.

Mais c'est la tour de Babel!

PREMIER DOMESTIQUE.

A peu près. (Framboisy cherche sous le lit et dans les meubles.)

PREMIER DOMESTIQUE.

Monsieur cherche quelque chose?

FRAMBOISY.

Oui... je cherche quelque chose... Je vais vous dire... j'y suis habitué...

DEUXIÈME DOMESTIQUE.

Qu'est-ce donc?

FRAMBOISY.

Des pantoufles.

PREMIER DOMESTIQUE.

Rien de plus simple... je vais en demander par le télégraphe électrique. (Il fait fonctionner l'instrument.)

FRAMBOISY.

Comment, il faut faire jouer le télégraphe pour se procurer des chaussons de lisière.

PREMIER DOMESTIQUE.

Voici la réponse, Monsieur... les pantoufles demandées.

SCÈNE II.

LES MÊMES, DEUX JEUNES DANSEUSES.

(Musique de ballet. — Chaque danseuse tient une pantoufle dorée dans sa main en exécutant des poses gracieuses autour de Framboisy et de Carambole qui ne peuvent arriver à saisir leurs pantoufles; elles finissent par les leur donner. — Elles sortent à reculons en envoyant des baisers aux deux compères. — La musique cesse.)

FRAMBOISY.

En voilà des manières!

PREMIER DOMESTIQUE.

Ici, Monsieur, on vise à l'élégance!

CARAMBOLE.

Ah! c'est chenu!... c'est chenu!... Je me plais ici, moi... Je suis content d'être venu...

DEUXIÈME DOMESTIQUE.

Ces messieurs désirent-ils souper?

FRAMBOISY.

Rien!... un verre d'eau sucrée... avant de nous coucher.

PREMIER DOMESTIQUE.

Parfait...

DEUXIÈME DOMESTIQUE, criant dans un porte-voix qui communique au dehors.

Verre d'eau sucrée au 22,679. (Une seconde voix, puis une troisième répète la même phrase dans le lointain. — On entend le bruit d'une machine de chemin de fer en mouvement.)

CARAMBOLE.

Tiens! on dirait un chemin de fer...

PREMIER DOMESTIQUE, regardant sa montre.

C'est votre verre d'eau qui arrive par le convoi de dix heures un quart. (Une table sort de dessous terre portant deux verres d'eau.)

FRAMBOISY.

C'est parfait.

CARAMBOLE.

C'est épatant!

FRAMBOISY.

Ça manque de sucre.

CARAMBOLE, buvant.

Ça manque de fleur d'oranger.

PREMIER DOMESTIQUE.

Ici, Monsieur, on vise à l'élégance (La table disparait.)

DEUXIÈME DOMESTIQUE.

Ces Messieurs n'ont plus besoin de nous?...

FRAMBOISY.

Non!... ah! si... déshabillez-nous... j'ai envie de dormir. (Le premier domestique fait jouer le télégraphe.)

FRAMBOISY.

Encore le télégraphe.

PREMIER DOMESTIQUE.

Oui, Monsieur, ici on est déshabillé par une machine de la force de 500 chevaux. (On entend un bruit de machine.)

CARAMBOLE.

Encore un chemin de fer!...

PREMIER DOMESTIQUE.

Placez-vous là!... mais, je vous en supplie, Messieurs, la plus grande immobilité, sans cela vous seriez broyés dans les engrenages!

CARAMBOLE.

Ah! c'est dangereux?

DEUXIÈME DOMESTIQUE.

Tous les jours nous blessons quelque voyageur.

FRAMBOISY.

C'est bien encourageant!

PREMIER DOMESTIQUE.

La machine fonctionne, et grâce à ce fil conducteur... (On attache un fil à Carambole et à Framboisy. Soudain, sur un coup de tamtam, leurs vêtements disparaissent. — Ils sont en pet-en-l'air. — Deux bonnets de coton descendent du plafond. — Ils les mettent.)

CARAMBOLE ET FRAMBOISY.

C'est charmant.

PREMIER DOMESTIQUE.

Maintenant, Messieurs, on va avoir l'honneur de vous mettre au lit. (Il appuie sur un timbre qui rend un son très-fort. — Entrent des domestiques qui s'emparent vivement de Framboisy et de Carambole et les fourrent dans leurs lits.)

CHŒUR.

Air :

Dépêchons... mes amis, du zèle!
Qu'en cet hôtel le voyageur,
Qui pour le coucher nous appelle,
Soit satisfait de notre ardeur.

(Les valets sortent tous vivement à la queue-leu-leu.)

PREMIER DOMESTIQUE.

Maintenant, Messieurs, une bonne nuit je vous souhaite.

DEUXIÈME DOMESTIQUE.

Bonsoir, Messieurs! (La porte se referme. — Carambole et Framboisy, ornés de leurs casques à mèches, sont couchés. — Ils se mettent sur leur céans. — Nuit complète.)

SCÈNE III.

CARAMBOLE, FRAMBOISY.

FRAMBOISY, abasourdi.

Je déclare que ça m'embête, et que j'en ai assez.

CARAMBOLE.

Ah! voilà ce que j'appelle de singuliers domestiques!... Bah! puisque nous y sommes... restons... (Baillant.) et dormons.

FRAMBOISY.

Le fait est que je meurs d'envie de dormir. — Bonsoir, Carambole.

CARAMBOLE.

Bonsoir, patron. (Ils s'endorment. — L'orchestre joue dodo, l'enfant do. — La porte du fond s'ouvre. — Entre un monsieur; il pousse un fauteuil au milieu du théâtre, s'y installe, déploie un journal, prend une énorme cloche qu'il portait, et l'agite bruyamment.)

SCÈNE IV.

LES MÊMES, UN MONSIEUR.

CARAMBOLE ET FRAMBOISY, réveillés en sursaut.

Hein!.. Quoi! qu'est-ce qu'il y a?..

LE MONSIEUR, lisant froidement.

La Patrie, journal du soir.

CARAMBOLE.

Comment! vous allez nous lire *la Patrie?*

LE MONSIEUR.

Oui, Monsieur... l'hôtel, pour éviter une dépense aux voyageurs, possède plusieurs lecteurs qui viennent dans les chambres, afin...

FRAMBOISY, furieux, gesticulant avec son oreiller.

Mais, Monsieur... je vous prie de me fiche la paix... Si j'avais voulu lire *la Patrie*, je me la serais payée pour vingt centimes sur le boulevard. — Allez-vous-en.

LE MONSIEUR, froidement.

Monsieur, je suis un honnête homme. — On me paie pour lire *la Patrie*... je vous lirai *la Patrie*.

CARAMBOLE ET FRAMBOISY.

Ah! c'est trop violent!..

LE MONSIEUR, donnant un coup de cloche, puis lisant.

«On écrit de Chandernagor: Tout est parfaitement tranquille. « — Le calme n'a pas été troublé un instant. Nous n'avons « donc rien de nouveau à annoncer à nos lecteurs. »

CARAMBOLE.

Alors, ça n'était pas la peine de venir nous réveiller.

FRAMBOISY, riant de rage.

Ah! ah! ah! j'aime bien ça!.. Cet animal-là nous extirpe de notre premier sommeil pour nous dire quoi?.. qu'il n'a rien à nous dire, que tout marche comme sur des roulettes... Ah! le joli bonhomme!.. le joli bonhomme!..

LE MONSIEUR, froidement; il lit.

Faits divers. — Un drame terrible s'est passé hier dans une maison de la rue de l'Oseille, 99, chez le sieur Beaucornard. Cet homme, qui soupçonnait sa femme d'entretenir des relations coupables avec un nommé Ernest, avait dit le soir à son épouse: « Je vais à l'Odéon voir *Maître Favilla.* » Les deux amants donnèrent dans ce piége grossier. (Ici le Monsieur interrompt a lecture, et voyant que ses auditeurs se sont rendormis, il agite sa cloche. Framboisy et Carambole se réveillent en poussant des cris.)

LE MONSIEUR.

Il surprit les coupables et les tua.

CARAMBOLE ET FRAMBOISY, assis sur leur lit.

Des lam... pions... des lam... pions... (Le Monsieur agite sa cloche. Bruit effroyable. Carambole et Framboisy finissent par se taire. Le Monsieur reprend sa lecture.)

LE MONSIEUR.

Le gérant responsable. — Camisard. — Imprimerie Schiller, rue Faubourg-Montmartre, n° 11. (Ici le Monsieur se lève, remet le fauteuil à sa place, éteint la lampe, et sort en disant:) Allons lire *le Mousquetaire* au n° 15,227.

SCÈNE V.

FRAMBOISY, CARAMBOLE.

(L'orchestre joue piano: *Dormez mes chères amours.*)

FRAMBOISY, rêvant.

Oh! Élisa... Élisa... je t'avais donné mon cœur, qu'en as-tu fait?

CARAMBOLE, rêvant.

Oh! les aztecs!.. sont-ils laids!.. (Tous deux ronflent. La porte s'ouvre doucement. Entrent à tâtons un Anglais, puis madame de Framboisy.)

SCÈNE VI.

LES MÊMES, L'ANGLAIS, MADAME DE FRAMBOISY.

SIR PEMBROCK, entrant à tâtons.

Ce était bien le chambre à moa... n° 18,555... Petites pistolets pour les petites voleurs... (Il les dépose sur un meuble.) Couchons-nous!..

MADAME DE FRAMBOISY, entrant à tâtons.

C'est bien la chambre que j'ai retenue... n° 12,777... (Elle retire son châle et parle en dégrafant sa robe.) Quand je pense que mon animal d'époux m'avait fourrée dans le donjon du Nord!.. Mais moi, pas bête, j'ai grisé mes geôliers et j'ai filé... Ah! Alfred! si jamais je te repince!.. Ah! mes enfants, quelle tripotée aux petits oignons!.. Enfin, couchons-nous... et demain... en avant la rigolade! (Elle se dirige vers le lit où dort Framboisy, pendant que sir Pembrock va au lit de Carambole. Cris, bousculade. On accourt avec de la lumière.)

FRAMBOISY.

Ciel! ma femme!

MADAME DE FRAMBOISY.

Mon mari!.. Ah! brigand!... (Elle tombe dessus à coups de poing, pendant le duel aux oreillers de sir Pembrock et de Carambole. En ce moment, les habitants de l'hôtel accourent aux cris; ils portent les costumes de tous les pays et sont coiffés de bonnets de coton. Ils tiennent des bougies.)

CHŒUR.

Air:

Quel tumulte effroyable,
Nous fait sortir du lit!
Autant coucher au diable
Qu'à l'hôtel Rivoli!

(Tumulte, confusion, tour de Babel. — Le rideau tombe sur un pêle-mêle général.)

DEUXIÈME ENTR'ACTE.

(On joue l'ouverture. Au moment où elle finit, le chef d'orchestre tire la sonnette. La toile ne se lève pas. Le chef frappe sur son pupitre pour faire recommencer.)

LE MARCHAND DE JOURNAUX, au balcon.

Journal et Programme des spectacles. Les noms et rôles des acteurs! Demandez! ne tirez pas votre petite machine, c'est inutile... les actrices ne sont pas encore rhabillées... (Regardant à côté de lui.) Ah! le monsieur de tout à l'heure n'est plus là, (Riant.) hi! hi! hi!... nous nous sommes raccommodés... oui... nous avons ouvert des conférences dans le petit café à côté... le café de la Risotte... Nous sommes très-liés maintenant... voilà sa carte. Il m'avait même invité à dîner jeudi sans cérémonie. Je lui ai dit: Écoutez, je préfère y aller samedi et que vous fassiez un peu de cérémonie. Les noms et rôles des acteurs!... personne n'en veut... ah! ah! ah! vous croyez que je veux vous fourrer dedans... non, ceux-là sont d'aujourd'hui... J'ai placé les autres dans les baignoires... Ces petites loges-là, c'est très-commode, parce que, comme on n'y voit pas clair, je fourre toujours la pratique dedans. Enfin, vous n'en voulez pas... oh! je vais vous vendre autre chose. (Criant.) Demandez cinq cents calembourgs et coqs à l'âne débités par les premiers comiques de Paris, MM. Ligier, Beauvallet, Bocage, Frédéric-Lemaître, Gueymard, mesdames Czuvelli, Guyon, Ristori et mademoiselle Rachel... c'est très-agréable pour aller en soirée, parce qu'on emporte ça dans son paletot, et on a l'air d'être très-spirituel. Il y en a de bien jolis... Tenez, j'ouvre au hasard. (Il lit.) Monsieur Bocage rencontre monsieur Gueymard, et lui dit: Sais-tu quelle différence il y a entre un tigre et une pomme cuite? Non. Eh bien! c'est qu'un tigre est cruel, tandis qu'une pomme cuite n'est pas *crue, elle.* Il y en a encore quatre cent quatre-vingt-dix-neuf de cette force-là... Un autre, tenez... notez que j'ouvre au hasard: « La Ristori rencontre la Czuvelli, et lui dit: Sais-tu quelle supériorité le macaroni au gratin a sur mademoiselle Rachel? Non. Eh bien! c'est que mademoiselle Rachel ne *file* qu'en Amérique, tandis que le macaroni au gratin *file* partout. Il y en a encore quatre cent quatre-ving-dix-huit comme ça. Vous n'aimez peut-être pas les calembourgs, j'ai autre chose... (Criant.) La Biographie des acteurs et actrices du théâtre du Palais-Royal... La Vie et les amours de monsieur Grassot... six pages d'impression... ça ne se vend qu'un sou... c'est très-instructif. Il y a toute la correspondance de monsieur Grassot avec la reine Pomaré... On y voit comme quoi cette illustre princesse est convaincue que monsieur Grassot est un homme à deux têtes... Voici l'histoire... La reine Pomaré écrit un jour à monsieur Grassot pour lui demander son portrait... Monsieur Grassot lui répond: « Gnouff! gnouff! gnouff!... il répond toujours gnouff! gnouff! gnouff! monsieur Grassot... mon joli trognon, puisque tu y tiens... je vas te l'envoyer... et le voilà parti chez un faiseur de daguerréotypes... et il posa... mais il se trouva qu'après avoir posé comme ça, (Il incline sa tête à gauche.) monsieur Grassot fut pris d'un torticolis... et fit ce mouvement... (Il incline sa tête à droite.) si bien que sur la plaque il vint deux têtes... Monsieur Grassot était pressé... il ne voulut pas recommencer... et il envoya le portrait à deux têtes à la reine Pomaré... qui en devint éperdument amoureuse, et lui proposait de l'épouser en deux cent quarante-neuvièmes noces... lorsqu'un événement terrible vint changer la face des choses... Ça n'est pas dans sa biographie, mais je vais vous le raconter... c'est très-vrai... Tous les journaux vous ont appris l'histoire d'un homme qui, ayant été frappé par le tonnerre, était devenu femme... Eh bien! c'est à monsieur Grassot que cette histoire est arrivée... Ça vous étonne... mais c'est un effet de l'électricité... C'est à cette époque qu'il a créé la garde-malade, la mère Moreau, la Panthère de Java, et une foule d'autres rôles qui l'ont placé au premier rang des plus jolies actrices de Paris (On frappe les trois coups.) Sapresti!... les trois coups, c'est dommage, je vous aurais raconté la biographie de monsieur Ravel, le jeune premier de ce théâtre, qu'il ne faut pas confondre avec le célèbre Ravel, danseur de corde qui est mort en 1799. Enfin, si vous revenez demain, je vous..... Journal et...

ACTE III.

Les Champs-Élysées.

SCÈNE PREMIÈRE.

PROMENEURS, CARAMBOLE, UNE LOUEUSE DE CHAISES.

(Au lever de la toile, plusieurs personnes sont assises sur des chaises en fer. La loueuse va et vient. Deux chaises son vacantes à droite.)

CHŒUR.

Air du troisième acte de *Paris qui dort*.

Protégeons la nouvelle mode;
Ces siéges sont vraiment très-doux.
C'est élégant, c'est très-commode,
Et ça ne coûte que deux sous.

CARAMBOLE, entrant essoufflé. Il est en costume de jockey des courses.

Une chaise... un strapoutin... un banc de gazon... que je repose ma tête cinq minutes. (Il s'assied sur une chaise en fer.)

LA LOUEUSE.

Cinq minutes... c'est cinq centimes!..

CARAMBOLE.

Voilà... ouf! respirons un peu. (A la loueuse qui est passée derrière la chaise et qui monte un cadran.) Qu'est-ce que vous faites donc?

LA LOUEUSE.

Je monte le cadran qui vous avertira lorsque vos cinq minutes seront finies...

CARAMBOLE.

Ah! c'est très-ingénieux... on loue ces chaises à la minute... Le cadran est dessous... comme cela je suis assis sur mon cadran. (Au public.) Il faut vous dire que je me suis fait coureur!..

Air: *Et voilà comme tout s'arrange.*

Me trouvant sans un monaco,
Une idée heureuse m'est venue;
J'ai pris le nom de Genaro
Et sa défroque bien connue.
J'ai défié les ch'vaux de Longchamps,
Ils m'ont vaincu... mais moi pas bête,
J'avais mis le public dedans;
Quand les chevaux ont eu pris les devants,
Moi, j'ai pris la poudr' d'escampette.

(Ici un bruit aigu se fait entendre. Carambole se lève vivement en poussant un cri. On aperçoit sur sa chaise une longue pointe en fer.) Sapristi! qu'est-ce que c'est que ça?

LA LOUEUSE.

C'est pour vous avertir que vos cinq minutes sont expirées... Si monsieur veut renouveler...

CARAMBOLE.

Merci...

REPRISE DE CHŒUR.

Protégeons la nouvelle mode, etc.

(Tous sortent, excepté Carambole. Les chaises disparaissent.)

SCÈNE II.

CARAMBOLE, puis LA CHANSON.

CARAMBOLE.

Ces choses-là ne se font qu'en Turquie... et même ça ne s'y fait plus. J'en suis tout *pâle*.

LA CHANSON, entrant.

Ah! te voilà... c'est bien... tu es exact au rendez-vous que je t'ai donné.

CARAMBOLE.

Vous m'avez promis de me faire voir les théâtres de Paris... Ils ont donc donné de bien belles nouveautés?

LA CHANSON.

Je crois bien!.. aux Variétés, *Michel Perrin*, au Vaudeville, *la Fille de l'Avare!*.. au Palais-Royal, *les Pages du duc de Vendôme*.

CARAMBOLE.

Mais ce sont des vieilleries toutes ces pièces-là!.. on n'a rien joué de plus neuf?

LA CHANSON.

Si fait... veux-tu voir l'année dramatique sans te déranger?

CARAMBOLE.

Sans me déranger, ça me va.

SCÈNE III.

LES MÊMES, UN MARCHAND D'HABITS.

VOIX, dans la coulisse.

Chand d'habits!

LA CHANSON.

Tiens! voilà justement un grand industriel dramatique... appelle-le...

CARAMBOLE.

Eh! marchand! par ici!

LE MARCHAND entre, portant toutes sortes de vêtements, robes, pantalons, habits, etc.

Chand d'habits!.. Qu'est-ce qui appelle?

Air: *Docteur Isambard.*

C'est moi qui suis l'marchand d'habits,
Bi bi bi bi bi...
Et de tous côtés je fournis,
Ni ni ni ni ni...
Des vestes au plus juste prix,
Et dzing la la boum...
Pour les théâtres de Paris!

LE MARCHAND ET CARAMBOLE.

Ah! ah! ah! ah!...

CARAMBOLE.

Ah! je comprends... monsieur est costumier... c'est lui qui habille les acteurs et les actrices... Ah! mon gaillard... vous...

LA CHANSON.

Tu n'y es pas... monsieur s'occupe exclusivement du commerce des vestes.

LE MARCHAND.

Oui, Mons'..., des vestes dramatiques.

CARAMBOLE.

Ah! permettez... (Lui montrant une robe et un habit Louis XIV.) Vous tripotez bien un peu dans la soie et le velours?

LE MARCHAND.

Jamais, M...; tout ce que vous voyez là, ce sont des vestes.

LA CHANSON.

Ce sont des vestes?..

CARAMBOLE.

Ah! elle est un peu forte, celle-là... Comment, cette robe de soie...

LE MARCHAND.

C'est une veste.

CARAMBOLE.

Cet habit à paillettes?..

LA CHANSON, riant.

C'est une veste.

CARAMBOLE.

Puisque vous le voulez... je le veux bien... (Prenant une botte.) Et cette botte?

LE MARCHAND.

C'est une veste...

CARAMBOLE.

Ça se met par en bas... mais c'est égal... c'est une veste... soit!..

LA CHANSON.

C'est que tu ne sais pas ce que c'est qu'une veste.

CARAMBOLE.

Allons, bon!.. je ne sais pas ce que c'est qu'une veste!

LA CHANSON.

Sais-tu ce que c'est qu'un four?..

CARAMBOLE.

Oh bien! très-bien... voilà qu'elle me demande si je sais ce que c'est qu'un four!..

LE MARCHAND.

En style de théâtre...

CARAMBOLE.

Ah!.. en style de théâtre... on m'a dit que c'était une pièce que le public refuse d'avaler...

LA CHANSON.

C'est ça... Eh bien! quand un théâtre a fait un four...

LE MARCHAND.

On dit qu'il a remporté sa veste... Oh! c'est une expression très-répandue aujourd'hui... et qui s'applique à tout.

LA CHANSON.

Tu vas dîner au bazard Montesquieu... tu dînes mal... c'est un four.

CARAMBOLE, riant.

Je remporte une veste.

LE MARCHAND.

Vous faites la cour à une femme... elle vous trouve le nez... trop petit...

CARAMBOLE.

Il me flatte! il me flatte!.. je fais four.

LE MARCHAND.

Vous remportez une veste.

CARAMBOLE.

Oh! j'y suis... j'y suis... Je demande cent sous à un ami... il me les refuse... c'est une veste...

LA CHANSON.

T'y voilà!..

CARAMBOLE.

Je me marie... je suis...

LE MARCHAND.

Veste! toujours veste...

CARAMBOLE.

Oh! parfait! parfait!.. Nous disons que monsieur est fournisseur de vestes des théâtres de Paris?

LE MARCHAND.

Fournisseur exclusif... oui, M...

CARAMBOLE.

Et les affaires vont-elles un peu?

LE MARCHAND.

Pas mal, pas mal! l'année n'a pas été mauvaise...

Air nouveau de *M. Mangeant*.

J'ai plus d'un petit four...
Autrement dit plus d'une veste...
Voilà tout ce qui reste,
Vous allez les voir tour à tour.

(Montrant un costume.)

Ceci, c'est le moulin,
L' moulin de l'Ermitage;
On fit pour cet ouvrage
Des reclames sans fin :
« Apportez un mouchoir
« Pour pleurer dans vot' stalle,
« Trop p'tit' sera la salle, »
Disait-on... et le soir...
Ce fut un petit four;
L'Ambigu remporta sa veste;
Mais attendez le reste,
Chaque théâtre aura son tour.

(Deuxième costume.)

L'Écol' des Épiciers,
Qu'aux Variétés l'on joue,
Nous disait-on, bafoue
Les fripons d' tous métiers.
Mais la pièce n'étant pas
En styl' de boucherie
D' première catégorie,
Pour les auteurs, hélas!
Ce fut un petit four;
Les Variétés eurent leur veste;
Mais attendez le reste,
Chaque théâtre aura son tour.

(Troisième costume.)

L'Histoire de Paris,
Au Cirque, quelle histoire!
Connaissez-vous l'histoire
De l'Histoire de Paris?
Si c'est là de Paris
La véritable histoire,
Ah! qué fichue histoire
Que l'Histoire de Paris.
Ce fut un petit four;
Le Cirque a remporté sa veste;
Mais attendez le reste,
Chaque théâtre aura son tour.

(Quatrième costume.)

Du Théâtre-Français
Voici l' Gâteau des Reines;
« Nos stalles seront pleines; »
On croyait au succès :
On le rêvait trop beau,
Car, pour être sincère,
Le lend'main d' la première,
On disait de c' gâteau :
Quel joli petit four!
Quel amour de petite veste!
Mais attendez le reste,
Chaque théâtre aura son tour.

(Cinquième costume.)

L'Palais-Royal donna,
Lui, si gai d'ordinaire,
Minette, l'Art d' déplaire,
Pst! pst!... et cætera.
Mais le public trouvant
Tout cela peu comique,
Sans faire de critique,
S'en allait en disant :
Oh! oh! mais c'est un four;
Le Palais-Royal a sa veste;
Voilà tout ce qui reste;
Vous les avez vus tour à tour!

ENSEMBLE.

Oh! oh! mais c'est un four, etc.

CARAMBOLE.

Ah! bon! en voilà une pacotille!

LE MARCHAND.

L'Opéra-Comique s'en est payé plusieurs, *Jenny Bell... la Cour de Célimène, Deucalion et Pyrrha*, trois vestes l'une sur l'autre... Il est très-frileux, l'Opéra-Comique! Et le Vaudeville donc!... il s'en est offert pas mal cet été!... Oh! bonne pratique, Monsieur, bonne pratique!

LA CHANSON.

Et le Gymnase?

LE MARCHAND.

Depuis quelque temps, je ne fesais plus d'affaires avec le Gymnase... mais nous voilà rabobinés... je viens de lui fournir le *Dessous des Cartes*.

CARAMBOLE.

Ah! c'est une veste.

LE MARCHAND.

Oui, mais nous allons réparer le temps perdu... j'ai signé un abonnement avec le théâtre Lyrique. Voici ma dernière livraison : *les Lavandières de Santarem*. Le Cirque s'est également abonné, je lui ai donné coup sur coup : *les Grands Siècles* et *le Donjon de Vincennes*... Oh! le Cirque, bonne pratique!... je ne donnerais pas cette maison-là pour un billion!... (Ici on entend un grand bruit de voix dans la coulisse... Un individu, costumé en hussard, se précipite en scène, prend une veste au marchand d'habits et se sauve.)

CARAMBOLE.

Qu'est-ce que c'est que ça?... il se sauve... Au voleur!...

LE MARCHAND.

Du tout!... c'est le *Houzard de Berchini* qui remporte sa veste... Monsieur...

Air d'*Isambard*.

Maintenant, que je vous ai dit
Di di di di di...
Tout ce que l'année a fourni,
Ni ni ni ni ni...
J'en ai d'autr's à confectionner,
Dzing la la boum.
J'ai bien l'honneur d' vous saluer.

TOUS.

Ah! ah! ah! ah!

(Criant.) Chand d'habits... (Il disparaît.)

SCÈNE V.

CARAMBOLE, LA CHANSON, puis JAGUARITA ET MAMA JUMBO.

CARAMBOLE.

Il est rigolo ce bric-à-brac... Ah çà, les théâtres n'ont donc fait que remporter des vestes cette année?...

LA CHANSON.

Oh! patience! patience!...

SCÈNE VI.

LES MÊMES, MAMA JUMBO, JAGUARITA.

(Entre Mama Jumbo costumé à l'Indienne. — Il tient une immense carabine.)

CARAMBOLE.

Quel est ce monsieur?

MAMA JUMBO.

Mama Jumbo!

CARAMBOLE.

Plaît-il?

MAMA JUMBO.

Mama Jumbo.

CARAMBOLE.

Ah! c'est un bien joli nom!

MAMA JUMBO.

Caracou brig-brog, cacao, princados chicardas.

CARAMBOLE.

Ah! c'est du javanais.

LA CHANSON.

Non, c'est de l'indien. Il te dit qu'il s'est emparé de Jaguarita, la jeune reine des Anakotas.

CARAMBOLE.

Ah! bravo! c'est une bonne charge que vous leur faites-là, aux Anakotas.

MAMA JUMBO, à part.

Cachons-lui bien que je déteste les Hollandais. (Haut.) Ta main.

CARAMBOLE.

Avec plaisir. (Poignée de mains.)

MAMA JUMBO, chantant en voix basse.

Malheur à lui!
A lui malheur!
La guerre! (*bis.*)

(Il chante ces mots en étreignant la main de Carambole, qui fait la grimace.)

CARAMBOLE.

Fichez-moi la paix!... (Sur la ritournelle, quatre Indiens apportent un palanquin de lianes de feuillage et de fleurs.) Qu'est-ce qu'ils nous apportent là?

LA CHANSON.

Regarde! (Carambole écarte le feuillage, et Jaguarita s'élance légèrement en scène. Elle est costumée en jeune reine indienne et parcourt le théâtre en regardant autour d'elle avec curiosité.)

CARAMBOLE.

Une femme!

LA CHANSON.

Jaguarita l'Indienne! le succès du théâtre Lyrique.

CARAMBOLE.

Ah! Madame est...

JAGUARITA, avec menace et marchant sur Carambole.

Air et paroles de *Jaguarita.*

Oui!... je suis la panthère,
La reine des bois.

MAMA JUMBO ET CARAMBOLE.

La reine des bois.

JAGUARITA.

Et mon âme altière
Ne suit que ses lois.
Ardente, intrépide,
Craignez ma fureur,
Car d'un bond rapide
J'atteins le chasseur.
Car je suis la panthère,
La reine des bois.

MAMA JUMBO ET CARAMBOLE.

La reine des bois!

JAGUARITA.

Et mon âme altière
Ne suit que ses lois.

CARAMBOLE.

Ça peut être une panthère, mais franchement, ça a plutôt l'air d'une femme.

LA CHANSON.

Tu trouves?

CARAMBOLE.

Une jolie femme, même... un petit pied... une main très-douce... (Lui prenant la main.) des ongles rosés.

JAGUARITA, avec un doux sourire.

Ils sont empoisonnés.

CARAMBOLE.

Bigre!... c'est dangereux pour les gens que griffe Madame.

MAMA JUMBO, s'approchant de Jaguarita et regardant Carambole de travers.

Cric crac bambou sapatiero yataganas.

JAGUARITA, avec terreur.

Yataganas!... crisse caou, crisse caou capouti lolo!

MAMA JUMBO, avec un geste énergique.

Couic! couic!

CARAMBOLE.

Couic! couic! Ah! il m'embête, ce grand-là!

JAGUARITA, tournant autour de lui.

Oh! mais, tu n'as rien à craindre, toi... comme tu es beau... Tu ne manges pas les hommes, toi...

CARAMBOLE.

Non... pas pour le moment... mes parents m'ont élevé autrement.

JAGUARITA.

Le serpent rouge est plus grand que toi... mais il n'est pas si gentil.

CARAMBOLE.

Qu'est-ce que c'est que le serpent rouge?

JAGUARITA.

C'est le roi des Amaguelis... qui veut me prendre pour femme... Il porte dix colliers de corail à son cou!

MAMA JUMBO.

Et deux anneaux d'or au bout de son nez.

CARAMBOLE.

Ah! voilà qui doit être gênant pour se moucher.

JAGUARITA.

Et cela t'irait encore mieux qu'au serpent rouge.

CARAMBOLE.

Merci! je n'y tiens pas.

JAGUARITA.

N'importe! tu me plais comme tu es... et si tu veux, je t'épouse...

CARAMBOLE.

En voilà une qui ne perd pas de temps... elle est toquée bien sûr, cette femme-là. (A la Chanson.) Elle veut m'épouser.

LA CHANSON.

Marie-toi.

JAGUARITA.

Tu deviendras le chef des Orow-Kourou.

MAMA JUMBO.

Chaque jour ils feront griller pour toi quelqu'ennemi qu'ils auront tué le matin.

CARAMBOLE.

Ah! comme j'aime mieux mon café au lait!

JAGUARITA.

Je te donnerai un casse-tête.

CARAMBOLE.

Pourquoi faire?

JAGUARITA.

Pour tuer Zam-zam, s'il veut te faire du mal... Oh! tu seras heureux, mon Maurice; j'exprimerai dans ta jolie bouche le jus des citrons, je t'appellerai mon lézard bleu, mon colibri rose, mon micri kanka... ce qui veut dire le boa baladeur... Quand tu mourras, je te ferai empailler...

CARAMBOLE.

Ah! j'aurai bien de l'agrément dans ce pays-là!

JAGUARITA.

Le soir, nous irons parcourir nos grands bois tout peuplés de panthères et de serpents à sonnettes.

CARAMBOLE, hésitant.

Ah! dans votre endroit, il y a des serpents?

LA CHANSON.

Acceptes-tu?

CARAMBOLE.

Ma foi, j'ai une occasion de ceindre le diadème...

MAMA JUMBO.

A votre place, je profiterais de l'occase...

CARAMBOLE.

Vrai de vrai?

MAMA JUMBO.

Dame!

CARAMBOLE.

Eh bien! ça va... j'accepte!

MAMA JUMBO, à part.

Cachons-lui bien que je déteste les Hollandais!

JAGUARITA.

A toi la massue royale... à toi la couronne du grand chef. (Mama Jumbo place sur la tête de Carambole un cercle d'or orné de plumes variées, et entre ses mains une énorme massue.)

CARAMBOLE.

Parfait! parfait... maintenant le bœuf gras peut venir... je suis prêt à l'accompagner.

LA CHANSON.

Place au dieu Bambouzi! (Un petit indien sort de terre, accroupi sur une table.)

CARAMBOLE.

Qu'est-ce que c'est que ça, grands dieux!

LA CHANSON.

La divinité du pays.

CARAMBOLE.

Ah! qu'il est donc vilain!...

CHŒUR D'INDIENS.

Air :

Dieu Bambouzi
Veux-tu te reposer ici?
Réponds! réponds!
(Signe affirmatif de l'idole.)

MAMA JUMBO, ET LES AUTRES.

Il a dit oui!

CARAMBOLE.

Ça doit être le dieu des aztècs...

MAMA JUMBO, avec un regard terrible.

Qu'il soit le tien dorénavant, sans quoi, je me charge de te soigner!...

CARAMBOLE, à part.

Qu'il me déplait donc cet animal-là, mon Dieu!

LE CHŒUR.

Dieu Bambouzi,
Veux-tu les marier ici?
Réponds, réponds!...
(Même signe.)

MAMA JUMBO ET LE AUTRES.

Il a dit oui!

JAGUARITA.

Autour de moi je vous réunis tous
Pour vous présenter mon époux.

TOUS.

Son époux!

CARAMBOLE.

Moi, son époux!

JAGUARITA, à Carambole.

Je te fais roi!
Ma tribu tout entière
Suivra ta loi,
Dans la paix, dans la guerre!
Et puisqu'à ton cœur j'ai su plaire
Je t'épouse, et pour être à toi,
Je te fais roi! (*bis.*)

CARAMBOLE.

Quoi! m'épouser ainsi d'ardard!
V'là c' que j'appelle être venard!

JAGUARITA.

Je t'ai fait roi!
De bonheur doux présage,
Reçois ma foi,
Et mon trône en partage!
J'ai changé ma haine sauvage
En amour, car, pour être à toi,
Je t'ai fait roi! (*bis.*)

MAMA JUMBO.

Cachons-lui bien que je continue toujours à détester les Hollandais!... (Le dieu Bambouzi disparaît.)

CARAMBOLE, avec majesté.

Allons-y gaiement... mon peuple m'appelle à régner.

JAGUARITA.

Viens! (Elle lui prend la main.)

LA CHANSON, riant.

Prends garde aux ongles!

CARAMBOLE, retirant sa main.

Bigre!

JAGUARITA.

Tu as peur!... tu as peur!...

CARAMBOLE.

Franchement, j'ai un peu le traque.

JAGUARITA.

Tu n'es donc pas Maurice?

CARAMBOLE.

Non... moi, pas Maurice... moi, Carambole... petit jeune homme... Carambole.

JAGUARITA, avec fureur.

Rends-moi cette couronne! rends-moi ce sceptre... (Elle les lui arrache.) Tu n'es pas Maurice... Maurice que j'aime... qu'on me le trouve!... je veux Maurice, il me le faut... je le veux... ou j'en fais venir un autre du pays!

Car je suis la panthère,
La reine des bois, etc.
(Elle sort.)

CARAMBOLE.

Bon voyage!... j'aime autant qu'elle soit partie.

LA CHANSON.

Ses ongles t'effrayaient.

CARAMBOLE.

Si du moins elle mettait des gants! (Mama Jumbo rentre et donne un grand coup de pied à Carambole.)

CARAMBOLE.

Fischtre!

MAMA JUMBO, avec éclat.

Cachons-lui de plus en plus que je déteste les Hollandais!

CARAMBOLE, criant.

Mais puisque je suis de Montmartre!

SCÈNE VII.

CARAMBOLE, LA CHANSON, LA PROVENÇALE.

LA PROVENÇALE, costume arlésien. Accent provençal.

Bué dia!... moussu, lou théâtre dou Palais-Royal, sieou plé.

LA CHANSON.

Le théâtre du palais royal... tu y es...

CARAMBOLE, l'imitant.

Lou théâtre dou Palais-Royal... Ah! quel drôle d'accent!

LA PROVENÇALE.

Eh been... té... sieou prouvençale, moun boun... et parti comme sabi...

CARAMBOLE.

Ah! vous êtes provinciale...

LA PROVENÇALE.

Non... ti diéou prouvençale... marcièse grossa besti... siéu la fille de Maniclo... ai quitta moun oustaou, moun père, moun frère, tout lou bataclan... Siéou vengude à Paris émé la troupe dèis provençaoux et ly siéou restade...

CARAMBOLE.

J'avoue que je ne comprends pas grand'chose... j'ai entendu bataclan...

LA CHANSON.

Mademoiselle te dit qu'elle est venue à Paris avec les acteurs provençaux.

CARAMBOLE.

Ah! oui... les acteurs provençaux... la troupe à l'ail... Il paraît qu'ils n'ont pas eu d'agrément au Palais-Royal...

LA PROVENÇALE.

Hein!... qu'es aco? quès qué dièsʔ... espèce de Francio... cresi qué voues leis mécanisa... cresy que ti vous ficha d'elly... Eh been... té... arégarda lou aquéou mousuro a quel escumengea... aquèlé fache d'arlèri... si ty tèysés pas, ty flanqui caouquaren sié la testa!

CARAMBOLE.

Elle me menace.

LA CHANSON.

Ne la défie pas!

LA PROVENÇALE.

Air de *M. Mangeant.*

Ah! taïsé ty! } *bis.*
Ah! taïsé ty! }
My foou pas mécanisa, } *bis.*
My foou pas contraria, }
Ah! taïsé ty! }
Ah! taïsé ty! } *bis.*
Ah! taïsé ty! }
Leïs géns dé moun pays
An la testé caoudé...
Et maï d'oun à Paris,
Bén souvén clabaoudé;
Maï, quand yèou parli,
Teou piqui!
Et quan' piqui,
My sentoun... vouèl!
Ah! bagasse! ah! bagasse!

CARAMBOLE. (Parlé.)

Bagasse! bagasse, tant que vous voudrez, mais...

LA PROVENÇALE.

Ah! taïsé ty! (*bis*), etc.

LA CHANSON.

Voyons, calme-toi... Tes compatriotes avaient sans doute beaucoup de talent. Leurs pièces étaient charmantes... malheureusement... on ne les comprenait pas.

CARAMBOLE.

Vous auriez dû parler provençal en français...

LA PROVENÇALE, parlant français.

Parler français... Est-ce que tu crois par hazard que cela nous serait difficile... mais je dirai tout aussi bien qu'une autre... (Avec une extrême distinction; minaudant.) Ah! vous voilà, Dorante, mon cœur vous cherche de tous côtés.

CARAMBOLE.

Marivaux! pur Marivaux!

CARAMBOLE, faisant le marquis.

Oh! ma princesse, le mien est essoufflé de courir après vous.

LA PROVENÇALE.

Vous m'aimez, Dorante?

CARAMBOLE.

Je brûle et je crie: au feu!

LA PROVENÇALE.

Votre tendresse met ma pudeur au pied du mur. Voyons, ayez un peu de raison!

CARAMBOLE.

De la raison! mais je n'en ai plus! vos yeux sont les filous qui me l'ont dérobée.

LA PROVENÇALE, jouant de l'éventail.

Taisez-vous, Dorante.

CARAMBOLE.

Dites-moi seulement : je vous aime.

LA PROVENÇALE.

Non!... laissez-moi respirer, de grâce!

CARAMBOLE.

Par pitié.

LA PROVENÇALE.

Eh bien!... eh bien! je vous aime!...

CARAMBOLE.

Eh bien, Madame, je me meurs. (Il se laisse aller dans ses bras; elle l'évente.)

LA CHANSON, riant.

C'est parfait! on se croirait à la Comédie-Française.

CARAMBOLE, avec mépris.

Ces pauvres sociétaires, mon Dieu!

LA CHANSON.

Madame est charmante!

LA PROVENÇALE.

Je suis... très-douce... très-timide même, seulement il ne faut pas qu'on m'agace... parce qu'alors... oh! alors!... (Reprenant son patois.) M'y counonessy plus... m'empourti!... creidi!... tempesti!... et bagasse... Quand siéou lançade ponédi plu m'arresta... counoussy plus rien... un mot en aquéou... un soufflet à l'un.... un coup de péou à l'aoutré et.... l'y n'en dièou pas may...

REPRISE DE L'AIR.

Ah! taisé ty?...

(Elle sort vivement.)

CARAMBOLE.

Ah! s'apristi!... j'ai oublié de lui demander si, par hasard, il ne lui restait pas des anchois dans ses poches!... j'adore ce petit légume!

SCÈNE VIII.

CARAMBOLE, LA CHANSON, TROIS PÈRES DE FAMILLE.

PREMIER PÈRE, entrant avec un enfant emmailloté, à Carambole.

Monsieur... ma femme m'a trompé... je lui ai enlevé son enfant... seriez-vous assez bon pour le garder...

CARAMBOLE.

Mon Dieu, Monsieur, je ne prends pas les enfants en sevrage... mais pour vous être agréable... (Il prend l'enfant.)

PREMIER PÈRE.

Voici ma carte. (Il sort.)

LA CHANSON, lisant.

M. de Lormel... théâtre de la Gaîté... demander *le médecin des enfants.*

CARAMBOLE.

Ah! il paraît que madame de Lormel... (Entre le deuxième père, portant un enfant emmailloté.)

DEUXIÈME PÈRE, à Carambole.

Monsieur, ma femme m'a trompé... je lui ai enlevé son enfant... seriez-vous assez bon pour le garder...

CARAMBOLE.

Encore un!.. (Il prend l'enfant.)

LE DEUXIÈME PÈRE.

Voici ma carte et une petite assiette bleue... ayez-en bien soin.

CARAMBOLE.

De l'enfant?..

LE DEUXIÈME PÈRE.

Non... de l'assiette. (Il sort.)

LA CHANSON, lisant.

« Jean Raymond... théâtre de la Porte-Saint-Martin... demander *la boulangère*... »

CARAMBOLE.

Tiens! il paraît que madame Jean Raymond est aussi une farceuse... (Voyant entrer un troisième père qui porte deux enfants.)

TROISIÈME PÈRE.

Monsieur...

CARAMBOLE.

Encore!.. (Au Monsieur.) Monsieur, pas un mot... je sais ce que vous allez me dire... Vos deux enfants vous gênent... et vous venez me prier de les garder... très-bien... mettez-les là... votre carte à Madame... (Le monsieur dépose ses deux enfants sur les bras de Carambole, remet sa carte à la Chanson et sort.)

LA CHANSON, lisant.

« M. de Gittré... Théâtre-Français, demander *la Joconde.* »

CARAMBOLE.

M'en voilà quatre sur les bras... Ah! çà, on ne peut donc plus faire des pièces sans y mettre d'enfants?..

LA CHANSON.

Tu vois...

Air de *Clapisson.*

De nos auteurs c'est la nouvell' méthode,
Les enfants, aujourd'hui, sont partout à la mode...
Pour attendrir le public, c'est commode.

CARAMBOLE.

Abandonnés par messieurs leurs papas,
Je fais comm' le public, je m'attendris, hélas!
J' vous tiendrai lieu de père,
Au besoin mêm' de mère.

(Il laisse tomber l'assiette.)

(Parlé.) Bien! j'ai cassé l'assiette bleue! (Les enfants crient.)

Enfants, ne pleurez pas! (*bis.*)

Que vais-je faire de ces innocents-là? (Les trois pères rentrent.)

PREMIER PÈRE.

Monsieur, tout est arrangé!.. j'élèverai sa fille.

DEUXIÈME PÈRE.

Mon épouse est innocente... rendez-moi mon assiette... non! mon enfant!..

TROISIÈME PÈRE.

J'ai pardonné!.. donnez-moi mes moutards!

CARAMBOLE.

Messieurs, voici le tas... arrangez-vous. (Il leur donne les enfants.)

LES TROIS PÈRES.

Mon garçon... ma fille... ma fille... mon garçon!.. (Ils sortent. Coups de pistolet.)

CARAMBOLE.

Ah! mon Dieu! etc.

SCÈNE IX.

CARAMBOLE, LA CHANSON.

CARAMBOLE.

Ah! mon Dieu! (Second coup de pistolet.) Ah! je devine... c'est le Cirque-Olympique.

LA CHANSON.

Non... c'est le Vaudeville...

CARAMBOLE.

Oh! le Vaudeville joue donc maintenant des pièces militaires...

LA CHANSON.

Non... des comédies. *Aimer et Mourir, le Mariage d'Olympe*... comédies intimes...

CARAMBOLE.

Mêlées de couplets?..

LA CHANSON.

Allons donc!.. le Gymnase et le Vaudeville... m'ont chassée...

CARAMBOLE.

Chasser la Chanson du Vaudeville!

LA CHANSON.

C'est fini... plus de refrains, plus de couplets... Veux-tu voir un échantillon de comédie sociale... un nouveau genre de nouvelles pièces que de nouveaux auteurs viennent d'inventer sur un nouveau monde?

CARAMBOLE.

Oh! oui!

LA CHANSON.

Mettons-nous à l'écart, et écoute bien ce qui va se passer. (Ils sortent par le premier plan.)

SCÈNE X.

MARGUERITE, MARCO, LA BARONNE, puis OLYMPE.

(Musique de scène. — Entrent la dame aux Camélias et Marco, chacune d'un côté du théâtre.)

MARCO.

Que vois-je!.. la dame aux Camélias!

MARGUERITE.

Marco!.. la fille de marbre!

MARCO ET MARGUERITE.

Par quel hasard...

LA BARONNE D'ANGE, à la cantonade.

Insolent! va nu-pieds! goujat!..

MARCO ET MARGUERITE.

La baronne d'Ange!..

LA BARONNE D'ANGE, paraissant.

Bonjour, mes très-chères!

ENSEMBLE.

Air de *Mangeant*.

Nous revoilà (*bis*).
Comme au temps du quartier Breda

LA BARONNE.

Ah! çà, qu'êtes-vous devenues, d'où sortez-vous?

MARGUERITE.

J'arrive des Pyrénées, où j'étais allé chercher...

LES DEUX AUTRES.

Quoi donc?

MARGUERITE.

Un mari.

LES AUTRES.

Un mari!

MARCO.

Moi, j'arrive de Bade, où, comme toi, j'espérais trouver...

LA BARONNE.

Quoi donc?

MARCO.

Un mari!

LA BARONNE, éclatant de rire.

C'est charmant!... Eh bien! moi, je suis restée à Paris, où j'ai été sur le point de mettre en cage l'oiseau rare que vous avez laissé envoler, Mesdames.

LES DEUX AUTRES.

Vraiment!

LA BARONNE.

Sans ce monstre d'Olivier de Jallin, qui a découvert le pot-aux-roses... j'épousais monsieur Raymond de Nanjac... mais hélas! me voilà retombée dans le panier des pêches à quinze sous, comme on dit au Gymnase. N'importe!... ne perdons pas courage...

MARCO.

Nous trouverons des maris.

LA BARONNE.

Il nous en faut.

MARGUERITE.

D'abord c'est la mode.

MARCO.

Et puis il est temps de prouver à tous ces petits messieurs qui font des pièces sur nous que quand nous voulons nous savons être des femmes comme il faut.

MARGUERITE, riant.

Oui... marions-nous, Mesdames... ça nous changera. (Musique de scène.)

LA BARONNE.

Ah çà! qu'est devenue notre amie Olympe Taverny... on n'entend plus parler d'elle nulle part.

MARGUERITE.

On m'a assuré qu'elle était morte à San-Francisco... (Sur la musique entre un jeune homme, mise de dandy excentrique. — il a Olympe au bras. — Olympe porte une toilette excentrique, et lorgne autour d'elle avec insolence.

LES TROIS FEMMES, la reconnaissant.

Ciel! c'est elle!... c'est Olympe!

LE JEUNE HOMME, rajustant son pince-nez.

Pardon, chère comtesse...

LES TROIS DAMES.

Comtesse!...

LE JEUNE HOMME.

Si, je vous laisse un instant. J'entre chez le marchand de tabac chercher un vingt-cinq centimes nouveau.

OLYMPE, avec beaucoup de noblesse.

Allez, cher comte, et revenez vite. Je m'étiole, je meurs loin de toi, mon Henri. (Appuyant sa tête sur son épaule.) N'es-tu pas le eul homme que j'aie jamais aimé?

LE JEUNE HOMME, avec feu.

Oh! que je suis donc content d'avoir épousé cette femme-là!... (Il lui baise la main et sort en sautillant.)

LA BARONNE, MARCO et MARGUERITE.

C'est toi... Olympe!...

OLYMPE, prenant des grands airs.

Plaît-il?... Que me veulent ces créatures?

TOUTES.

Créatures!

OLYMPE, changeant de ton brusquement, et leur tendant la main.

Ça va bien, les enfants?... pas mal, merci!

TOUTES, avec joie.

C'est elle! (Elles se donnent des poignées de main.)

TOUTES.

Comment! c'est toi?...

OLYMPE.

Oui, c'est moi! mais je ne suis plus Olympe, la reine de la walse à un temps, Olympe, la soupeuse du Café Anglais. J'ai fait ce que vous n'avez pas su faire, mes bichettes!... j'ai été plus maligne que vous!... je suis mariée!

TOUTES.

Mariée!

MARCO, riant.

A la détrempe.

OLYMPE.

Pour de bon... (Lorgnant.) Je suis une femme comme il faut!...

MARCO.

Et t'amuses-tu dans ton grand monde?

OLYMPE.

Ah çà! c'est une autre paire de manches... Ah! mes enfants!... on n'y joue pas le bezig... on n'y taille ni un p'tit *bac* ni un p'tit *lansquen*... on s'y embête.

LA BARONNE.

Vraiment!

OLYMPE.

Il faut toujours être sur son trente-quatre... de grands dîners... de grands portraits de famille, faut toujours poser... Ah!...

MARCO.

Mais, comment font les grandes dames pour s'habituer à cette vie-là?

OLYMPE.

On dit qu'on les prend toutes petites.

LA BARONNE.

Alors, tu as fais une boulette!

OLYMPE.

Pommée.

MARGUERITE.

Demande une séparation.

MARCO.

File avec un petit-cousin!...

OLYMPE, d'un ton rêveur.

Et la correctionnelle, mes enfants!

LA BARONNE.

Tâche que ton mari te donne un soufflet... devant témoins!

OLYMPE.

Dans ce monde-là, on ne bat pas les femmes!... Ah! je me suis prise dans la souricière!... Ni-i-ni, fini de rire, je suis une femme de la haute; mais, hélas!

Air :

Là-bas vraiment,
J'ai souvent
Peu d'agrément,
Et je rêve en cachette
A nos soupers,
A ces élégants coupés,
Où trônait la lorette :
O mon Paris,
Gai pays,
Seul paradis.
Et malgré moi je dis :
« A bas l'étiquette ! »
Et allez donc !
En avant le rigodon;
Vivent tous les bons
Garçons,
Bien sans façons.
Viv' le cliquot,
Qui vous grimpait au cerveau,
Et les bals de l'Opéra.
La vie est là !
Quand le grand monde donne un bal,
La soirée est peu gracieuse ;
Jamais de galop infernal,
Jamais de tulipe orageuse.
L'étiquette est féroce,
Et dans ce monde-là,
Ah ! mes enfants, j'ai la
Nostalgi' d' la noce;
Là-bas vraiment,
J'ai souvent
Peu d'agrément, etc.

REPRISE ENSEMBLE.

Et allez donc !
En avant le rigodon, etc.

(Elles dansent toutes quatre sur la reprise de cet ensemble.)

SCÈNE IX.

LES MÊMES, DESGENAIS, entrant.

DESGENAIS, entrant ; il porte la longue redingote de Félix, au deuxième acte des *Filles de marbre*.

Qu'est-ce que c'est?... on danse!... elles osent danser... sapristi, Mesdemoiselles, rangez vos voitures!... Place aux honnêtes femmes qui vont à pied!...

LES FEMMES.

Tiens, Desgenais!...

DESGENAIS.

Oui... Desgenais... rédacteur et inventeur de la *Lanterne indépendante!*... quarante francs pour Paris... quarante-huit francs pour les départements!... Je suis de mauvaise humeur... sapristi!...

OLYMPE.

Comme toujours!...

DESGENAIS.

Oui, je dis des sottises à tout le monde.. ça se fait maintenant dans les pièces... j'ai un style à part pour ça... j'ai sur moi des tirades, des boutades et des algarades... C'est moi qui flanque au derrière de la société les coups de bottes de la franchise... Sapristi!...

MARCO.

Ah! vous dites toujours la même chose!... je vous donnerais un sou si j'avais ma bourse.

DESGENAIS, s'emportant.

La Bourse!... oh! la Bourse... grand monument carré, borné au midi par l'illusion et la rue Vivienne; au nord par le théâtre du Vaudeville. — La Bourse! où l'on a le toupet de venir acheter des actions, que l'on a l'infamie de revendre quand on y trouve un petit bénef... Oh! la Bourse!... oh! la société!...

OLYMPE.

Prenez garde, mon bon, vous êtes en public.

DESGENAIS, furieux.

Le public!... il est joli, le public, qui paye vingt-cinq sous au parterre et cent sous à l'orchestre pour écouter les âneries de messieurs les vaudevillistes et pour sourire à des actrices qui ne savent pas leurs rôles et qui ont besoin d'un souffleur... (Regardant.) Ah! qu'il est vilain!... oh! le public! oh! le souffleur! oh! la société!

LES FEMMES.

Il est insupportable!

DESGENAIS.

Oui, je trouve que la société est une maison borgne... Il faut y entrer avec un faux nez... Sapristi!... Oh! les Parisiens!... oh! la société!

Air : *J'ai du bon tabac.*

La société me semble effroyable.
Je veux démolir la société.
Sur l'ancienne société,
Je veux faire une autre société.

OLYMPE.

Mon Dieu! que c' monsieur si peu sociable
Est désagréable,
En société!

LA BARONNE.

Mais alors pourquoi venez-vous à nos fêtes?

DESGENAIS.

Parce que j'aime le bruit et les lumières.

MARGUERITE.

Pourquoi venez-vous dîner chez nous?...

DESGENAIS.

Parce que ça me coûte moins cher qu'au restaurant.

MARCO.

Pourquoi mettez-vous une cravate que j'ai faite avec une de mes robes?

DESGENAIS.

Sapristi! parce que c'est moins salé que chez Boivin. Je vous fréquente, mais je vous estime médiocrement...

MARCO.

Ah! vous nous ennuyez!... (Regardant à sa montre.) Cinq heures!... Allons dîner chez Vachette.

MARGUERITE.

Après dîner, grand bal à l'Opéra.

LES FEMMES.

Nous irons toutes!

OLYMPE.

L'Opéra!.. Oh! mes enfants j'ai des fourmis dans les jambes! Oh! l'Opéra! la polka! la redowa!... Ah! au diable mon mari et tout le bataclan!... Je ne suis pas faite pour ce monde-là! j'en sors!...

DESGENAIS.

Et vous avez raison, Mesdemoiselles... Croyez-moi, contentez-vous d'être belles et joyeuses; préférez les boudoirs aux salons, vivez de fleurs, de diamants et de moët frappé! cette nourriture-là vous engraissera... celle des honnêtes femmes vous donnerait des indigestions.

OLYMPE.

Tu as raison!... c'est décidé!... je lâche mon grand nom, mon petit mari, mon grand salon... Chez Vachette, mes enfants! j'ai ma voiture, je vous emmène...

TOUTES.

Accepté.

DESGENAIS, à Olympe.

Emmenez-moi... je vous dirai des sottises.

OLYMPE.

Nous sommes quatre... il n'y a plus de places.

DESGENAIS.

Bah! je monterai sur le siége... je dirai des sottises au cocher!..

TOUTES.

Chez Vachette.

OLYMPE.

Oui... et ce soir à l'Opéra.

TOUTES.

A l'Opéra.

ENSEMBLE.

AIR : *Stourm*, galop.

Courons et dépêchons,
Chez Vachette dînons,
Et tâchons de saisir
Les ailes du plaisir.
Quand minuit sonnera
L'opéra
Ouvrira..
Nous danserons,
Nous souperons,
Et chanterons.

OLYMPE.

J'étais bien sotte, sur ma foi!
Ce monde n'est pas fait pour moi!
Du grand monde, il me faut sortir,
Notre vrai monde est le plaisir.

(Ils sortent, tout en galopant.)

SCÈNE X.

CARAMBOLE, LA CHANSON, puis LES PERSONNAGES DE MIRRHA.

CARAMBOLE, entrant.

Ah bon! j'en ai entendu de belles!.. C'est égal, ce nouveau monde me semble un fichu monde!.. (On frappe trois coups dans la coulisse.) Tiens! on frappe trois coups!

CRICRI, costume grec, entrant.

De Mirrha je suis mère, et j'ai bien du chagrin;
Elle est à la tristesse, et j'y perds mon latin.

(Elle donne un livret à Carambole. Entre Laclé, costume grec, surmonté d'un grand bonnet à la cauchoise.)

LACLÉ, tristement.

Qu'a donc Mirrha?... Je suis sa nourrice fidèle,
Et ne sais quel tracas lui toque la cervelle!

(Elles tombent toutes deux dans des réflexions pénibles.)

PURÉ, entrant.

Qu'est-ce que peut avoir Mirrha?... Je n'en sais rien.
J'en donne, comme dit c't autre, ma langue au chien.
Elle est ma fiancée!

(Il tombe dans des réflexions pénibles.

CYNIRAS, entrant.

Et moi je suis son père,
Je suis même de plus le mari de sa mère.
Ma fille a des tintoins... Depuis un an Mirrha
N'a pas fait une fois la risette à papa.
Si je sais quel ennemi l'embête de la sorte,
Je veux bien, mes enfants, que Diavolo m'emporte!

(Ils tirent tous quatre leurs mouchoirs, et pleurent.)

CARAMBOLE, lisant son livret.

« Mirrha, ou le danger d'avoir un papa bien joli, bien joli!.. » Que ça doit être intéressant!.. je frémis d'avance!

CRICRI.

Pauvre enfant!

LACLÉ.

Pauvre enfant!

PURÉ.

Pauvre enfant!

CYNIRAS.

Pauvre fille!

J'ai du désagrément beaucoup dans ma famille.

(Au public.)

J'oubliais de vous dire une chose... voici :
Avez-vous remarqué comme je suis joli.
J'ai, ce que l'on appelle, un gueusard de physique,
Je suis beau, mais si beau que j'en suis magnifique;
Et que le postillon de Lonjumeau n'était,
A côté de Bibi, qu'un affreux paltoquet.

(Ils restent absorbés dans leurs réflexions.

CARAMBOLE.

L'action marche, l'action marche... Tenez, c'est un bon acteur, le père... le fait est qu'il est joli... Moi, je trouve le père de *Mirrha... beau.* (Cricri, Laclé, Cyniras et Puré remettent leurs mouchoirs en poche.)

CYNIRAS.

Mirrha vient en ces lieux; — en guise de prologue,
Filons, pour la laisser faire son monologue.

(Ils sortent.)

CARAMBOLE.

Ah! cet acte est très-bien... mais il n'est pas corsé... (Une musique semble annoncer l'entrée de Myrrha.)

MIRRHA, seule, après une longue pantomime.

Je sors en ce moment du temple de Vénus!
O mes paisibles ans, qu'êtes-vous devenus!..
Je m'amusais d'un rien... d'une mouche qui vole;
A cet âge si pur, on blagote... on rigole...
(D'un air sombre.)
Je ne rigole plus...

(Avec éclat.)

Ah! qu'est-ce que j'avais,
Vénus, à tes autels, quand j'ai dit des navets.
Je voulais, avant tout, à ton culte fidèle,
Qu'on admirât Mirrha, qu'on trouvât *Mirrha-belle.*
Tu te vengeas, déesse, en allumant un jour,
Au réchaud de mon cœur, la braise de l'amour;
En moi tu fis flamber une flamme insensée.
Vainement de Puré je suis la fiancée;
Je me fiche pas mal de Puré... Les destins
Ont jeté mon bonnet par-dessus les moulins.
J'ai dans le nez, jusqu'à cette mère cruelle,
Qui m'ôte mon bonheur... Elle me *l'arrache-elle.*
Elle empêche à jamais que mes traits amaigris
Reprennent leur gaîté, *refleurissent aux ris.*
Eh bien! Vénus! eh bien! je braverai ta rage;
Je finirai d'un coup ton affreux tripotage.
Pas un chat ne saura mon terrible secret,
Car je l'emporterai dans le tombeau muet...
Oui, je mourrai, gardant mon secret et ma gloire...
Après... que mon futur aille à la balançoire!
C'est lui (1)!...

(Entre Puré, pâle comme Pierrot, et les yeux rouges, suivi de Cyniras, Laclé, Cricri, les témoins, etc... On dispose l'autel.)

O perfido amor! Dio! che dura pena!
Dolore immensa una orribil tempesta.
Dell' amore l'achera mio cor!
Ah! si riman pur l'ombra di piéta
Parla poverina spolia parlar alla suora,
Alla fialia monta immobil Appena respiri,
Oh! que te dici!
Insemata del dolore... no so
Delh mia perdonna mia seconda madre,
Delh mi perdonna!
Cielo!...

PURÉ.

Depuis un an, Mirrha, vous me faites poser.
Voyons, deux fois, trois fois, voulez-vous m'épouser?
(Avec douleur.)
Vous ne répondez pas...

(Pleurant.)

Mon discours vous assomme...

MIRRHA.

Oh! je n'ai jamais pu voir pleurnicher un homme...
Je vous épouserai...

CYNIRAS.

Réunis par mes soins,
Voici monsieur l'adjoint et les quatre témoins.
Procédons... Et d'abord, selon l'antique mode,
On va lire tout haut les articles du Code.
Rangez-vous... La parole est à monsieur l'adjoint.

L'ADJOINT, lisant.

Titre V, Chapitre VI... Des droits et des devoirs respectifs des époux...

(1) A la représentation, ces vers sont remplacés par les mots italiens, mis à la suite du monologue.

MIRRHA.

Non... ce fatal hymen ne s'accomplira point.

(Elle renverse l'autel.)

CYNIRAS.

O ciel!... ô dieux puissants!... ô malheureuse fille!
Quoi!.. se ficher ainsi de toute sa famille.
Tu refuses?...

MIRRHA.

D'autor!

CYNIRAS.

Tu refuses?

MIRRHA.

D'achar.

CYNIRAS.

Tu refuses Puré... Pourquoi?

MIRRHA.

C'est un pochard.
Plutôt mourir ici que signer un tel pacte.

CYNIRAS.

Sortez. Laissez-nous seuls.

(Tout le monde se retire.)

Passons au cinquième acte.

(Musique à l'orchestre.)

CARAMBOLE.

Ah! la grande scène!..

LA CHANSON.

Chut!.. ne les trouble pas!..

CYNIRAS, se mettant dans un fauteuil.

Mirrha, viens, mon enfant.

MIRRHA, s'asseyant sur lui.

Oh! oui, sur vos genoux.

CYNIRAS, la repoussant.

Sapristi!... nom d'un chien!

MIRRHA, à part.

Que son organe est doux.

CYNIRAS.

Te voir toujours souffrir, ça nous rendait tout chose...
Ta pauvre mère était une mère moro... se.
Tu n'aimes pas Puré...

MIRRHA.

Non! il est trop vilain.

CYNIRAS.

Pour un autre, bien sûr, ton cœur est plus humain.
Ce tintoin qui te suit, ce chagrin qui t'inonde,
C'est l'amour, l'amour qui fait le monde à la ronde.

MIRRHA.

Quoi! vous croyez!..

CYNIRAS.

Je crois que ton cœur a parlé
Qu'à Paphos, à Cythère, il a caracolé...
Qui donc aimes-tu, dis?

MIRRHA.

Non, je n'aime personne.
Personne, entendez-vous?

CYNIRAS, riant.

Tu nous la pousses bonne.
Ton amant est pané!

MIRRHA.

Non!

CYNIRAS.

Ton cœur fait tic-tac...
Il est pané, tant mieux... moi, n'ai-je pas le sac.
Voyons! dis-moi son nom?

MIRRHA, avec passion, en regardant son père.

Eh bien! celui que j'aime
Est beau comme l'amour, et cent fois plus beau même.
Non... jamais on ne vit un sourire plus fin :
Son nez, ses yeux, son front... en lui tout est divin,
Sa démarche est d'un Dieu!

CYNIRAS.

Tiens! comme ton œil brille;
Rien qu'en parlant de lui, tu renais, ô ma fille!..
Son nom! son nom! son nom!..

MIRRHA.

Jamais... jamais...

CYNIRAS, avec désespoir.

Hélas!
Je ne le vois que trop... Mirrha ne m'aime pas!..

MIRRHA, avec passion, en le serrant dans ses bras, et lui embrassant la tête.

Je ne vous aime pas...

CYNIRAS, se dégageant.

Ma fille, tu m'étouffes.

MIRRHA, à part, avec bonheur.

De ses rares cheveux j'ai pu baiser les touffes.

CYNIRAS.

Je t'aime bien aussi...

MIRRHA, avec force.

Ne me dites pas ça.

CYNIRAS.

Viens verser ton secret dans le sein de papa,
De papa qui t'adore, et te fait la risette.
Allons, voyons, parlez... parlez, grosse bebête...
Celui que nous aimons, est-il louche, ou bancal?
Est-ce donc, pour le taire, un affreux animal?
Lui manque-t-il des dents?

MIRRHA.

Ses dents... sont de l'ivoire;
Ses cheveux autrefois eurent la teinte noire;
Ils sont gris... mais frisés... l'éclat de ses beaux yeux
Emprunte son azur au pur azur des cieux.
Son nez, rouge du bout, est correct dans sa ligne...
Sa main, blanche à ravir, a la blancheur du cygne.
Ses ongles sont rosés... Quand il parle... ô bonheur!
Il exhale en parlant le parfum de la fleur...
Que vous dirai-je?.. En lui, tout séduit... entortille.

CYNIRAS.

Assez... à ce portrait, je devine, ma fille...
Celui que vous aimez, c'est Apollon... ou moi...

MIRRHA.

Ce n'est pas Apollon...

CYNIRAS.

Tais-toi, Mirrha... tais-toi...
Comme la scène ici devient inconvenante,
Parlons pour terminer dans la langue du Dante.
(Très-tragiquement.)
Impia! impia!

MIRRHA.

Jo amo mio padre.

CYNIRAS.

Impia! impia!..

MIRRHA.

O felice madre.

CYNIRAS.

Come estate, segnor... venezia la bella.

MIRRHA.

Ravioli, stuffato...

CYNIRAS.

Bono macaroni.

MIRRHA, enlevant le poignard de la ceinture de Cyniras.

O Napoli dolce...

(Elle sort vivement.)

CYNIRAS.

O Paolo Brioggi.

(Il court après Mirrha.)

CARAMBOLE, applaudissant.

Sublime!... sublime! Myrrha! le père!... tous! tous!...

LA CHANSON.

Tu es satisfait!

CARAMBOLE.

Ah! comme c'est joli la tragédie, quand c'est bien joué!... Seulement ça manque un peu de comique.

LA CHANSON.

Tu veux du comique, en voilà! (Bruit de grosse caisse et de cymbales.)

L'ESCAMOTEUR, en dehors.

Suivez-moi, le monde!... on va commencer!..

SCÈNE IX.

(L'escamoteur est suivi d'une jocrisse qui dépose au milieu d'un théâtre une table d'escamoteur; cette table est garnie face au public d'une toile à matelas; dans l'intérieur, et cachés au public, doivent être les accessoires et les perruques utiles aux imitations.)

L'ESCAMOTEUR, aux curieux qui le suivent et l'entourent.

Rangez-vous, mes petits enfants... rangez-vous, le monde... Monsieur Frispoulet, en avant la grosse caisse... Assez! vous me demanderez, Messieurs et Dames, quel est mon rang dans la société... Ah! je pourrais comme tant d'autres vous dire que je suis ci, que je suis ça, mais non, Messieurs et Dames; je suis tout simplement, un saltimbanque, un paillasse, un escamoteur, non que je soie dedans la misère, j'ai deux cent mille livres de rente; je demeure rue Laffite, dessus le boulevard Italien, seulement, pour ne point zhumilier les personnes de condition, je veux dire les personnes en condition, je donne mes séances en plein air, ou chez le marchand de vin du coin. Je ne me livre point à un escamotage vulgaire... non, Messieurs, j'escamote le genre humain, je veux dire les voix humaines, et les artistes dramatiques en particulier.

Air de *M. Mangeaut.*

Dzing, dzing, boum, boum!
Patapoum!
Acteurs comiques,
J'ai vos physiques
Dans les gobelets que voilà là!
Je suis le furet des spectacles;
Comme Gusman, je n' connais pas d'obstacles.
Je suis partout, } *bis.*
Et je vois tout; }
Oui, je sais tout,
J'imite tout,
Tout;
J' puis en un tour de passe-passe,
Vous montrer, sans quitter la place,
Tous nos acteurs,
Tous nos farceurs,
Nos cascadeurs,
Nos rigoleurs.
Dzing!

Voulez-vous du drame, de la comdie, de la tragédie ou du vaudeville, parlez... que faut-il vous servir?.. du premier gobelet... Attention! Messieurs et Dames, attention!... une, deux... passez muscade!... (Il se penche et reparaît avec le costume de Bouffé, dans le Gamin de Paris. — Imitation.) Eh bien! quoi, mes petits enfants, du vaudeville, en voilà du vaudeville... c'est moi... toujours jeune, et toujours gentil, mes pauvres enfants!... et, cependant, je devrais bien être fatigué, car, enfin, je peux dire que, depuis quelque temps, j'ai joliment roulé ma bosse, comme dit c't'autre... On m'avait ordonné de l'exercice, je m'suis promené de la Porte-Saint-Martin aux Variétés, des Variétés au Vaudeville... Ah! je peux dire que j'en ai joué c't'année des pièces!... J'ai d'abord joué le Gamin de Paris, la Fille de l'Avare, Michel Perrin... Et puis, après ça j'ai joué: la Fille de l'Avare, le Gamin de Paris et Michel Perrin... Enfin, heureusement que, maintenant, je m'en vais rejouer le Gamin de Paris. Seulement, c'est un général qui me manque... Ah! Dieu!... dans le temps, j'en avais un... c'bon Ferville, quand j'étais au Gymnase... c'était le bon temps!... je me rappelle toujours quand il chantait à son fils : (Imitation de Ferville.)

Pour quel talent, pour quel mérite,
Vous a-t-on accordé cela?
Avec une croix est-on quitte?
Quand on l'obtient, tout ne finit pas là.
Non, non, non, non, tout ne finit pas là.
Le cœur sur lequel on l'attache
A des devoirs qu'il lui faut respecter,
Monsieur... et celui qui la cache
N'est pas digne de la porter;
Non, non, non, non, de la porter.

(Reprenant Bouffé.) Eh bien! mes pauvres enfants, quand ce bon Ferville chantait ça, je pleurais comme une biche... Seulement, dame! c'est un général qu'il me faut... Il y a bien mon petit Lafont qui l'a joué... et même Chambéry... car, j'ai été jusqu'à Chambéry pour avoir un général! mais, ils ne veulent plus... je ne sais pas ce que ces gens-là font! (Lafont.) Mais, mon cher ami, c'est très-facile à concevoir... les jours se suivent et ne se ressemblent pas!... Il fait beau aujourd'hui, demain il pleuvra! D'ailleurs, vous avez Delanoy qui jouera ça, n'est-ce pas, Delanoy? (Delanoy.) Eh! mon Dieu! et pourquoi pas?... je joue tout en général et les généraux en particulier... et pourquoi pas?... (Bouffé.) Enfin, mes enfants, c'est donc pour vous dire que c'est très-difficile de trouver un général! — Maintenant, Messieurs et Dames, nous allons passer à d'autres exercices... (A Carambole.) Aimez-vous les oranges, jeune homme!... attention!... v'lan!... (A un jeune militaire qui rit.) Vous avez l'air de rigoler jeune militaire... attention! je vais vous faire la conversation entre deux premiers rôles du Cirque... C'est votre supérieur qui parle... Il s'avance majestueusement en scène, met son chapeau sur sa tête et s'exprime en ces termes : (Son costume change. — Costume de général.) Soldats, l'ennemi est en fuite!.. Grâce à votre ardeur, nous avons remporté une victoire éclatante!... — Général! un envoyé demande à vous être présenté.

LE GÉNÉRAL.

Faites entrer!

L'ENVOYÉ.

Pardon, général!... on s'est emparé de Dure-à-Cuire, et les troupes demandent sa tête! Et maintenant, voulez-vous de simples tourlourous... je les ai là sous le troisième gobelet... (Allant sa table.) Rien dans les mains, rien dans les poches... une, deux... partez, muscade!... (Changement de costume. — Costume de tourlourou.) — (Ravel.) Eh! bonjour donc, payse, comment te portes-tu?... Ça ne va pas trop mal, merci, comme vous voyez... je viens de faire une promenade charmante, j'ai rencontré une jeune dame si jolie, mais si jolie, que je me suis mis à la suivre pendant deux heures; parce que je suis un monsieur qui suit les femmes... je suis aussi les bonnes d'enfants!... Ah! Dieu! les enfants! je les adore!... pour moi, ils n'ont qu'un défaut c'est de venir au monde trop jeunes!.. n'est-ce pas, Hoffmann? (Hoffmann.) Oh! moi, c'est différent!... je captive les femmes...

Quand je parle des femmes, je veux dire la bourgeoise, parce que avec des bretelles en caoutchouc, le garde-champêtre... Il y en a eu Suisse qui ont cent pieds... Suivez le courant... En avant le brelant de troupiers! (Levassor.) De quoi! de quoi! des brelans de troupiers!... voilà!... qu'est-ce qu'en veut?... faites-vous servir!... c'est moi qui les pince tous! conscrit, sergent, général; enfin, c'est renversant, épatant, mirobolant! Je vous les astique avec un chique qui épate le public... Je suis l'unique, le seul, l'invincible... le vrai troupier...

Air :

Je n'ai point de patrie,
Et ne possède rien;
Partout je promène ma vie,
Vrai bohémien!
Mon seul pays, oui, j'en conviens,
C'est le pays où je suis bien!
J' suis bateleur...
Ici-bas, d'ailleurs,
Qui donc n'est pas acteur,
Tragique, sauteur?
Le monde est une comédie!
Levez le rideau,
Et vous verrez se drapant dans son manteau,
Chacun offrant, sur son tréteau,
Un nouveau tableau.

Enfin, cherchez donc un autre troubadour... au Vaudeville, au Gymnase.... ou aux Variétés.... — Qui ça? M. Lassagne!.... (Voix de Lassagne.) Pourquoi donc pas? ô mon Dieu-je! mon Dieu-je!... Hi! hi! hi!... que je n'ai pas l'honneur de vous connaître, mais que vous êtes un imbécille... C'est moi que je vous le dis!... Oh! tenez, Mam'selle, ça ne fait rien; partons, quittons la France et l'étranger! Je vais me débarbouiller... Oh! mon Dieu! mon Dieu! je... Pourquoi t'est-ce que vous n'avez pas pitié de moi! Mais dis-moi, dis-moi, Numa, Numa, regarde donc quelle désinvolture... (Numa.) Mais je vois parfaitement bien, tu fais des grimaces... mais, parbleu! moi aussi j'en ferais si je voulais des grimaces!... je n'ai qu'à faire ça!... Ah! c'est charmant, ma parole d'honneur. Ah! propos de ça, ça me rappelle une chose qui n'a aucun rapport avec ce que je voulais dire... je suis allé hier à la Gaîté, j'ai vu le *Médecin des Enfants*, c'est charmant! Laferrière est très-bien! Il joue très-bien cet acteur-là... il a des moments, surtout quand il dit... (Laferrière.) Ah! bonjour, mes enfants... Ah! vous avez du bobo à la jambe... tenez, voici du vin, c'est le lait des vieillards... c'est aussi celui des enfants... Et ma fille! ma fille! Ah! Jérôme, ma fille est morte!.. Ah! ma fille est vivante!.. Ah! merci, mon Dieu! merci! (Numa.) Parce qu'il faut vous dire qu'il a dans la pièce un ami qui lui est dévoué sans en avoir l'air et qui a très-bon cœur! il dit toujours... (Ménier.) Pour toi, pour moi! j'nous vécu avec personne... (Ravel.) Voilà un beau mélodrame, je le ferai voir au paradis à ma payse... (Lassagne.) Oh! mon Dieu! je... mon Dieu! je... (Levassor.) Moi je ne verrai rien du tout!... je pars pour les bords du Rhin, avec une troupe. Enfoncé le directeur, enfoncés les acteurs, enfoncé tout le bataclan!... (Voix naturelle.) Enfin, Messieurs et Dames, si vous n'en avez pas assez... revenez demain soir et les jours suivants... Ça ne sera jamais la même chose; on avalera des sabres, des pavés et tout ce qui pourra charmer la société... Et maintenant, sous mon troisième gobelet je vais vous faire paraître toutes vos anciennes connaissances... Une, deux, trois!... Paraissez les acteurs du Palais-Royal! (le rideau de fond se lève.)

TOUS.

Air du *Sire de Framboisy*.

Chantons la gloire
Du sir de Framboisy! } *bis.*
Pristi!
Christi! } *bis.*
Que cet air est joli!

CARAMBOLE.

Ciel! que vois-je!.. mon ancien patron!

FRAMBOISY.

Oui, mes enfants, je reviens pour vous dire que ma femme est innocente!.. Elle a été acquittée par la septième chambre... (A la Chanson.) Sans rancune... et maintenant, mes jolis bibis, livrons-nous à l'allégresse et à des petits couplets qui soient le moins bêtes possible!

TOUS.

Vive le sire de Framboisy!..

Air :

Par de gais flons flons,
Gaîment enterrons
Cette année
Terminée.
Que ce soit laid ou beau,
Si c'est du nouveau,
Disons : Bravo! bravo!

PELLERIN (Patachon).

En Crimée, tous nos auteurs
Sont joués par nos braves...
Si les Zouav's se font acteurs,
Les acteurs s' feront Zouaves.

SCÈNE XI.

TOUS LES PERSONNAGES DE LA REVUE.

MADEMOISELLE DAUDOIRD, la Provençale.

Sall' Montesquieu, l'on dansait,
Maint'nant on y dîne;
D'un fichu bal on a fait
Un' fichu cuisine!

GIL PEREZ (Desgenais).

L' boucher qui fournit chez moi,
Demain se marie
Avec un' femme de troi-
sième catégorie!

ALINE (Olympe.)

Sur les chiens un impôt vient,
Et, jaloux d' la chose,
Les chats disent : nom d'un chien!
Faut qu'on nous impose!

BRASSEUR (l'escamoteur).

On démolit, à grand bruit,
Maison, édifice...
J' crains toujours quand j' rentr' la nuit.
Qu'on n' me démolisse!

MADEMOISELLE DURAND (une Espagnole).

D' l'Auvergn' la loi' ri m' charma,
Je prends un' série :
V' là que j' gagne un Auvergnat
A cett' loterie!

LUGUET (le marchand d'habits).

Le couplet que je chantais
Était par trop leste,
Je n' le chant' pas, je craindrais,
D' remporter ma veste.

GRASSOT (le sire de Framboisy).

On prétend qu' monsieur Lourbec
M' trouvant magnifique,
Fait mon portrait... v'là c' que c'est qu'
D'avoir du physique!

HYACINTHE (Carambole).

Pour gratter une maison,
Faut un' peine extrême;
Quand j'ai quéqu' démangeaison,
Moi, j' me gratt' moi-même.

MADEMOISELLE DUVERGER, au public.

D'laissez vivre nos couplets.
La Chanson vous prie,
Et même, applaudissez-les...
Par galanterie.

CHŒUR.

Air précédent.

Par de gais flons flons, etc.

FIN.

Paris. — Typ. Morris et Comp., rue Amelot, 64.

www.ingramcontent.com/pod-product-compliance
Lightning Source LLC
LaVergne TN
LVHW010313230826
846091LV00007B/3133

* 9 7 8 2 0 1 4 4 2 9 6 9 5 *